导游服务案例精选解析

（第2版）

李　娌 王　哲◎编著

旅游教育出版社
·北　京·

目 录

第 1 章　修身养性　严格律己

第2章 没有规矩 不成方圆

第3章 妙用言辞 事半功倍

第4章 鉴貌辨色 贴心服务

第5章 危机面前 从容应对

第6章 前车之鉴 反躬自省

第1章

修身养性　严格律己

我国的导游人员队伍是在20世纪80年代以后，随着现代旅游事业的发展而从小到大逐步建立起来的，并在近年来呈现出快速增长的趋势。到2005年底，我国持证导游人员达37.3万人，年均增长20.3%。至2006年9月，全国拥有导游资格证书的人数已达47.27万人，其中职业导游人员32.05万人。但是，我们也看到，在32万多名职业导游人员中，30岁以下占80%，大专及以下学历者占80%。我国导游人员队伍呈现年轻化、平均学历偏低的状况。与世界旅游发达国家相比较，我国导游人员在素质上尚存在很大的差距，还不能适应和满足当前我国现代旅游事业持续、快速、健康发展的形势和需要。

目前，我国导游人员的薪酬机制、激励机制和劳动保障制度等尚不健全，部分导游人员有工作却没有工资，致使其没有基本的生活保障；一些旅行社除不给导游工资外，还向导游人员收取人头费转卖游客，导致“零团费”和“负团费”现象屡见不鲜。不少导游人员在无工资等相应保障的情况下，为了生存，采取降低服务标准、强制顾客购物等“非常”手段，以致大大损害了导游人员在人们心目中的形象。这一方面说明旅行社业管理制度缺失，另一方面也表明我国导游人员整体素质的确尚不尽如人意。

导游员是国家形象的代表，是沟通中外的桥梁，其所处的特殊位置是不可忽视的。因而，如果要树立良好的公众形象，吸引更多的旅游者前来观光、度假，就要求每位导游人员必须从自身做起，真正行动起来。合格的导游人员应具备以下职业素养：

(1) 爱国主义意识。导游人员直接与旅游者接触，在爱国主义教育中担负着十分光荣的任务。导游人员应该努力提高政治思想素质、业务素质和职业道德水平，在服务和讲解的全过程中将宣传贯穿始终。

(2) 渊博的知识。优秀合格的导游人员应有一定的语言能力，懂得旅行基本常识，了解与旅游活动相关的法律法规知识。

(3) 较强的组织和协调能力。在旅游过程中，各种各样的情况时有发生，导游员必须能够从容应对，通过沟通等有效方法去解决。

(4) 精通业务，有较高的带团技能。

(5) 注重仪容和仪表。

(6) 身心健康。

在现代旅行社业经营过程中，导游人员承担的旅游接待工作起着举足轻重的作用。他们是旅游接待第一线的关键人员，一次旅游活动的成功与否，关键往往就在于导游人员。所以国际旅游界将导游员称为“旅游业的灵魂”、“旅行社的支柱”和“参观游览活动的导演”。可以这样说：“一次完美的旅行，正是一场完美的演出。”而导游人员的素质将决定这场演出的完美程度。

1-1　“我是导游，先救游客！”

案例介绍

2005 年 8 月 28 日，湖南湘潭新天地旅行社导游员文花枝所带的旅游团一行 28 人赴延安参观，下午 2:35，当旅游车行驶到 210 国道陕西洛川县境内时，一辆大卡车迎面撞上了花枝一行所乘的旅游车，酿成了一场 6 人死亡、15 人重伤、7 人轻伤的特大车祸。在事故中，坐在车右第二排的文花枝两腿严重骨折，其中左腿折成 9 段，有些骨块已经剥落；右胸第 4、5、6、7 根肋骨断裂；盆骨 3 处骨折。

车祸发生后，文花枝发现自己前面及左边同排的人均已死亡，其他人个个满身血污，车上乱成一团。她想，若不尽快稳定大家的情绪，组织大家迅速开展自救，一些原本可以抢救过来的人就会因心理压力太大而濒于死亡。于是，她不顾自己生命垂危，艰难地打出了求救电话，并用尽力气大喊：“大家不要怕，会有人来救我们的。”然后组织乘客逃生自救。这期间，文花枝几度晕了过去，但是，她苏醒过来后便马上用自己的乐观与豁达稳定大家的情绪，鼓舞大家战胜灾祸。文花枝坐在旅行车的前排，当救援人员赶到现场，想先抢救流血不止的文花枝时，花枝吃力地说：“我是导游，我没事，请先救游客！”救援人员看到花枝伤势很重，便不顾她的请求，准备拿撬棍撬开卡住文花枝的椅背，救她出来。花枝再次喊道：“拜托你们先救他们，我年轻，挺得住！”在救援人员抢救游客时，文花枝还用尽力气喊："加油啊，叔叔大哥们，加油，加油！"

伤员一个个被抢救出来，下午4:00多，距事故发生已经过去近2个小时，车上只剩下了文花枝一个人。花枝在确认车上再无其他伤员后，才同意救援人员来抢救自己。由于失血过多，抬下车时，她已休克了过去。在去洛川县医院的路上，不时陷入昏迷的文花枝一直紧紧地将装有3万余元团款的挎包抱在胸前。看她伤势太重，好心人要替她保管，她都一一谢绝，说："这是我们团队的团款，我要保管好它。"在洛川县人民医院，苏醒过来的文花枝从医务人员的谈话中知道自己是幸存的人中伤势最重的，必须马上手术，而手术室和医生却不够用时，她便装作轻松地对医生说："我年轻，挺得住，先给他们做手术吧。"看到这个年轻的妹子这样不顾自己，医生既敬佩又心疼。直到上手术台做伤口清创前，医院院长亲自向她保证，她才将挎包交给院长。

由于伤势严重，时间又拖得太久，文花枝的伤口已严重感染，随时有生命危险。29日，她被转至解放军第四军医大学附属西京医院抢救。但是，经过几个小时的抢救后，终因伤势太重且误时太久，西京医院的专家们无奈地为文花枝截去了左腿。她的主治医生李教授痛惜地说："若不耽误这宝贵的抢救时间，她这条腿是能够保住的啊！"

花枝的无私无畏和不怕牺牲的忘我精神令人敬佩。她把游客的生命和利益放在首位，让人们看到了旅游行业也能出英雄。花枝精神感动了中国，感动了所有旅游行业的从业者。2006年文花枝被评为全国模范导游员和全国十大杰出青年。

案例分析

学习文花枝，首要的是学习她忠于职守的优秀职业道德精神。在社会上，当人们将"回扣"与导游联系在一起时，花枝在关键时刻能够将集体的利益看得比生命还重，不仅鼓励团友用精神的力量支撑下去，而且以自己的生命为代价，为他人的生命赢得时间。她在危急关头时刻不忘保护团款，让人们看到了一个导游员优秀的职业素质和高尚的道德品质。

学习花枝应对突发事件的能力。我国《导游人员管理条例》规定：导游人员是指取得导游证，接受旅行社委派，为旅游者提供向导、讲解及相关服务的人员。作为旅游团队中的服务员、安全员、翻译员、宣传员，导游员集多项职责于一身，这不仅体现了行业的复杂性，对导游人员的能力也是一种考验。在危险面前，年轻的花枝，没有被突发的灾难惊呆、吓倒，而是及时采取自己力所能及的方式来帮助幸存者，鼓励着每个人坚持下去，以坚强的意志力和崇高的道德品质感动着每个人。

今天的旅游业，正以蓬勃的生命力展示出巨大的能量。在游客、旅行社、导游员三者利益共存的情况下，时代正在层出不穷地造就出更多具有花枝精神的导游人员。

案例思考

如果你是事件的亲历者，你会和文花枝一样作出同样的选择吗？

1-2 走上百家讲坛的女导游

案例介绍

赵英健，现任清东陵文物管理处副处长、高级导游员，中国紫禁城学会、中国清宫史学会、河北省博物馆学会会员。她没有过深的资历，导游出身，却走上了央视名牌栏目《百家讲坛》。她终日囿于清东陵方圆百里之地，却让联合国世界遗产委员会专家回国后念念不忘，专门写信对她表示赞赏。她只有36岁，却让曾任全国人大常委会副委员长、全国政协副主席的雷洁琼女士发出“你是咱妇女的骄傲”的赞誉。

“要给游客一碗水，导游自己必须有一桶水”。赵英健自己回忆，刚上班时，一般的导游人员每人每天能带2～3个团，而她的最高纪录却是半天就带了4个团。她以“特有成就感”来形容自己的工作热情。正是凭着对本职工作和东陵博大历史文化的深深热爱，赵英健多年来学习和研究了大量旅游专业知识，探索了不同层次的游客心理，写下了几万字的读书笔记和心得体会，为做好导游工作奠定了坚实的基础。她为了将正史与野史巧妙结合起来，使自己的讲解更有知识性和趣味性，在学习了大量清史资料的同时，还遍访了本地守陵人的后裔，丰富了自己的知识积累。1995年，国家旅游局首次举办全国国内导游员大赛，赵英健凭着深厚的知识功底和机敏善辩的才华脱颖而出，跻身全国20佳优秀导游员行列。

2000年1月，清东陵申报世界文化遗产项目进入关键时刻。可就在联合国专家即将前来现场考察的燃眉之际，负责古代建筑介绍的工程师突遇车祸住院，遵化市委、市政府临时决定把古建筑介绍和清史介绍这两项任务一并交给赵英健。当时，离专家组来东陵仅剩下20天。20天的时间要准备好对清东陵古建筑的全面汇报，要准确地介绍清东陵涵盖的清史资料，而且汇报工作的好坏直接影响着申报的成功。这让临危受命的赵英健感到了空前的压力。但她没有退缩，勇敢地挑起了这副重担。20天的时间里，她夜以继日地工作。当时她患着重感冒，白天，她和领导们研究接待工作，晚上回到家，找个小诊所输液，而且边输液边翻书，有时累得不想睁开眼睛，就让医护人员念给她听……

艰辛的努力终有回报。联合国世界遗产委员会专家、国际古迹遗址理事会秘书长让·路易·卢逊在清东陵考察期间，赵英健将清东陵源远流长的历史和精美的古建筑有机结合在一起，准确到位地将历史信息传达给贵宾。让·路易·卢逊先生对清东陵的文物保护和管理工作非常满意，对赵英健的讲解汇报给予了高度评价，回国后专门写信来称赞“在清东陵给我留下了深刻印象的儒雅导游赵女士……”2000年11月30日，经联合国世界遗产委员会批准，清东陵等被正式列入世界文化遗产名录。

2006年9月，她被评为全国模范导游员。

案例分析

人们常常把导游员称为是上知天文、下知地理的“杂家”。在本案例中，赵英健正是这样一个典型的代表。她刻苦钻研，不满足于现状，大量走访和实际调查，收集素材，因团而宜，针对游客的需求不同、层次不同而采取不同的讲解方式。一改导游人员只能“背词”，不能言之有物、言之有理的印象。《百家讲坛》编导孟庆吉评价赵英健说：她表达能力强、学术根基深，具有人格亲和力。

作为一名优秀的导游人员，具备一定的文化修养是最起码的条件。在游客心目中，导游员不仅是“学者”、“老师”还是“万事通”。所以，活到老、学到老，善于钻研、勤学好问的治学态度和精神，有利于导游人员养成一个好习惯，凡事都要弄懂、弄清楚，不能不懂装懂，更不能敷衍了事，要为每一位游客负责。

随着时代的发展，人们已不满足于食、住、行、游、购、娱这几项最基本的旅游要求，还想通过旅游活动增长见闻、获取知识。这就对导游人员提出了更高的要求。只有像赵英健一样，知识面广，具有真才实学，在讲解时以渊博的知识为后盾，才能征服游客，从而，获得更多的机会。

案例思考

导游员要丰富自己的知识结构，你认为采取哪些方法比较好？

1–3 因“唱歌”引出的笑话

案例介绍

近年来，台湾地区旅游团队到祖国大陆的观光者越来越多。有一次，旅游车正在开往景区的途中，车内后排站起一位台湾老人，他说：“王导，我们距下一站还有多远？我想去‘唱歌’。”小王是个刚刚上团不久的新导游员，对游客提出的问题，作出十分热情的回答："我们今天所有的行程结束之后，我再领大家去 KTV 好吗？"此时，车厢里的台湾客人早已笑成一片了。小王被这样的场面弄得不知所措，看看司机，司机也在抿着嘴笑，似乎还乐出了声。原来，台湾客人习惯把"上洗手间"称为"唱歌"。小王因不理解客人的真正用意而闹出了笑话。事后，小王了解到，这种说法在台湾地区由来已久。据说，当地有一位老奶奶，第二天准备带着小孙子参加婚礼，为了不让小孙子在宴席上出丑，在出门前再三叮嘱，如果要去洗手间，就说："奶奶，我要去唱歌。"小宝宝很听话，在酒席上没有出什么差错。可是，到了晚上，小孙子要起夜，对奶奶说："奶奶，我要去唱歌。"这时候，奶奶早把白天的事情忘记了。为了让小孙子早点睡觉，奶奶说："好孩子，小点声，就在奶奶耳边小声唱。"当然，结果可想而知了。

知道原因后的小王，非常感慨，原来当好一名导游员，不仅要把导游词背熟，还要懂得这么多知识呀！看来我还真得不断地充电，才能弥补自己知识的不足啊。

事后，小王回到旅行社，把这件事告诉了地接部经理，经理非常重视，组织全社专、兼职导游员进行了一次大规模的集中学习，要求大家汇总带团活动中经常出现的问题，并有针对性地进行培训，收到了较好的效果。

案例分析

导游服务最显著的特点之一，是具有一定的涉外性。因此，导游人员必须要掌握必要的国际知识，熟悉主要客源国或旅游接待国的概况，知道这些地方的历史、地理、文化、风土人情、礼仪禁忌等。通过这些知识的掌握不仅可以有的放矢地为游客服务，还能增进与游客间的交流，拉近彼此间的距离。

导游人员通过熟悉不同地区的文化差异，能够及早作出一些有益的提示，以避免因不了解、不清楚而出现如本案例中所提到的尴尬局面。

目前，我国导游人员因整体文化水平尚有一定差距，知识面较窄的现象比较突出，只求一知半解，对导游词之外所涉及的知识内容一无所知。这种服务不仅无法激发游客的兴致，更容易产生倦于倾听的心理。所以，常常会听到游客对导游人员作出“素质一般，搞不懂在讲些什么”的评价。

同样，旅行社作为经营者，也应慎重、理性地进行员工招聘。现在，许多旅游发达城市，因游客较多，导游员严重不足，旅行社便忽略了员工的岗前培训，致使部分导游员在带团中常会因沟通不畅或有失礼节等问题，影响游客的正常旅游活动。因此，加强行业的培训力度，更新带团知识，提高从业者的职业素质和业务能力，是非常重要的。

案例思考

旅行社如何做好导游员上岗前的培训工作？

1–4 一个领队的带团经历

案例介绍

“如果你恨他，就让他去当领队，因为那也许是一次地狱之旅；如果你爱他，就让他去当领队，因为走过了地狱，就是天堂。”这句感言是北京华远国旅的领队小邹在公司网站上的留言。而之所以有以上这番感慨，源于她本人的一次亲身经历。

其实，小邹的本行是计调，但热爱旅游行业的她考取了领队证。每到旺季，社里派她临时带团出境，她都欣然接受。让小邹有着“天堂 / 地狱”之叹的，是 2006 年春节期间她接的一个“埃及、约旦 8 日游团队”。接手这个团之后，一系列的变化让她苦不堪言。

变化一：航班改点。

出团当天下午 1:00，小邹接到旅行社的电话，原本半夜起飞的航班改成了下午 4:00，经过全力联络，大概 3:30，除一位团员未从外地赶来，最后 3 位客人终于在登机前冲进了机场，大家的狼狈，不说也能想象得出来。

变化二：佩特拉被取消。

到了多哈机场，小邹发现她拿到的行程安排，与当初苦心研究过的行程有较大的改变。原来的行程是鲁克索进、安曼出的 6 晚 8 天安排。其中从鲁克索乘坐夜卧火车抵达开罗，之后经开罗附近的港口乘坐游船，抵达约旦的港口阿卡巴，游览著名的约旦玫瑰之城佩特拉。没想到的是，航空公司把航班的进出点调整为“安曼进，安曼出”，这样一来，佩特拉的游览就无法安排了。“为什么不去佩特拉了呢？”面对客人的质问，小邹不知道该如何回答，只能说再跟公司联系，尽快给大家一个答复。

变化三：取消鲁克索。

结束了约旦南部港口阿卡巴的游览之后，团队坐船去埃及。临下船之前，社里操作这个团队的计调的一条短信令小邹“如五雷轰顶”：“因为天气恶劣，埃及努维巴港口取消了一切船只的航行，原定去鲁克索游览的行程计划现在取消了，团队行程改去亚历山大，埃及的地陪会解释这一切。”这就意味着在取消了佩特拉之旅后，大家又必须面对另外一件事情，即取消鲁克索的游览。此时，小邹真的不知道该如何去面对客人的指责了。

到达埃及后，令小邹措手不及的是，地陪导游员既未耐心向游客解释取消鲁克索游览的原因，又对改去亚历山大一无所知。客人们终于爆发了。几天的车马劳顿却几乎没有游览的内容，尤其当得知开车要大概 7 个小时才能抵达开罗的时候，大家的情绪非常激烈，纷纷喊道："我们哪里都不去了，赶紧给我们出张飞机票，明天直飞北京！导游闭嘴吧，什么都别说了，你们这群骗子！"

当时的小邹正在发着高烧，耳朵也因为多日的劳累轰轰作响，在大家的指责和谩骂声中，她仍然努力地做着解释工作。

变化四：尼罗河夜游与协议书。

到达开罗后，旅行社安排的游览和地接导游员小何的服务都让游客比较满意，大家的情绪总算是平息下来。在回酒店的路上，地接社的代表要求游客签字同意自愿放弃鲁克索和亚历山大的游览（因为客人实在是劳累，提出不去亚历山大了，只在开罗游览两天）。为此，客人们提出的条件是安排尼罗河夜游作为补偿。因为地接社不乐意承担此项费用，抱着试试看的想法，小邹跟客人商量游船的费用由旅行社负担多一半，游客承担少一半。大家还是比较配合，很痛快地付了钱，不过，原来说好要签字的事还是被个别客人拒绝了。

这个团带下来，小邹身心疲惫，不过令她感到安慰的是，客人们并没有因为行程的诸多变化而向旅行社投诉。这次经历让小邹深刻感受到，无论出现什么问题，"真诚"都是解决问题的最佳态度，而自己有再大的委屈也得忍。

一路上，小邹尽可能地为团友提供服务和帮助。比如，这个团身处阿拉伯的沙漠国家，每个人都感到了饮用水的珍贵，因为酒店的餐厅是不提供水的，只要想喝水，无论是什么水，都要付钱。小邹就与地接导游员陈小姐跑到附近的超市抱了几箱矿泉水来发给大家。细致贴心的服务赢得了团友对小邹的好感。

在连续两个城市的行程被取消后，小邹尽力向游客做好解释工作。她对客人说："旅行行业是一个非常脆弱的行业，航空公司、签证、目的地国的政治、天气等因素的变化，都有可能会对我们的行程造成影响。例如，因为天气变化所有去鲁克索的船都被取消了。这种变化，旅行社是控制不了的，但是旅行社方面一定会最大限度地解决和弥补大家的缺憾。"大部分的客人对小邹的解释都表示能够理解。

来自后方的大力支持是解决这些问题的重要保障。为了在回程时加上因航班原因取消的佩特拉，地接社提出要每个人另加70美金。小邹算了一下，整个团需要增加的成本是2170美金。她马上向后方的计调汇报了这个情况，计调认为保证游览的完整性是最重要的。这个事情由她来处理。"当时作为一个领队，她强烈地感受到了来自后方支持力量的伟大。"在此后发生的一系列变化中，小邹一方面与地接社直接交涉，据理力争，保证游客的利益；一方面及时沟通，确保尽可能及时弥补和挽回各种损失。

回国后的小邹深有感触地说："当困难摆在眼前的时候，总会有一条路。只有超越了平常的自己，才能创造自己。"

案例分析

在我国，领队是经国家旅游行政管理部门批准的国际旅行社委派的出国旅游团队的专职服务人员，在旅游活动中，在派出方旅行社与境外接待方旅行社及旅游者与旅游目的地国家（或地区）导游人员之间起着沟通关系的桥梁作用。其职责是：维护旅游团成员间的团结，协调旅游团同境外接待方旅行社导游人员之间的关系；监督接待方旅行社全面执行旅游合同规定的内容，协助各地导游人员落实旅游团食、住、行、游、购、娱等各项服务；维护旅游团成员的正当权益，保证旅游团在境外旅游的安全和顺利。

通过本案例，我们看到，一个出境旅游团队的顺利与否，往往与领队有着密切的关系。因为在出境旅游过程中，有许多预先不可知的因素决定着整个行程的顺利与否，而一旦意外情况发生，领队必须及时处理好突发事件，同时做好对客人的解释工作。可以说，一个领队具备良好的专业素质和沟通能力，旅行社和游客双方就有可能会避免很多损失。

案例思考

出境旅游团领队，应如何应对旅程计划之外的诸多变化？

1-5 因“抢菜”得来的掌声

案例介绍

北方某城市最盛大的节日——冰雪节开幕了，吸引了各地的冰雪爱好者。导游员小李接到旅行社通知，负责接待由我国宝岛台湾地区到此参加冰雪节的15位游客。按照行程安排，作为嘉宾的台湾客人，除参加开幕式之外，还要感受一下北国“千里冰封，万里雪飘”银白色的冰雪世界。游客们坐高山缆车、打雪仗、玩雪圈、滑雪……几乎所有的项目都感受了一遍，玩得非常痛快。

接近中午，小李带着15位台湾游客来到定点餐厅用餐。一进餐厅大门，只见这里全都是游客，大家都在等待着热腾腾的饭菜上桌！小李在引领员的指引下，找到了团队用餐的桌位。当大家落座之后，小李十分热情地斟茶倒水，和游客们一起聊天。时间一点一点地过去了，可是一道菜也没上来，客人们又冷又饿，眼看着别桌的客人用餐，自己却吃不上。大家把小李叫到身边，向她询问是什么原因上菜速度这么慢。小李解释了又解释，希望大家多多谅解。这时正值用餐高峰，后面的厨房可能忙不过来。但不管怎么说，游客们已经开始抱怨小李沟通不利了。

此时，小李径直走到了出菜口，只见门上写着几个大字：“厨房重地，闲人免进”。门口除她之外，还有其他团队的 3 个导游员，也在这里等着饭菜上桌。突然，门被推开了，从门里走出一位传菜员。见他手中的托盘上放着两盘热菜，小李什么也没多想，顺手从托盘里端出两盘菜，就跑到自己团队用餐的地方，放到游客餐桌上，一声令下：“大家快吃。”游客们也心领神会，开始动起筷子。此时，传菜员跑了过来，一脸埋怨地说：“导游，你怎么能这样！这不是你们团的菜，是隔壁桌的。”小李明知自己没理，便笑脸相迎地连连道歉。隔壁的游客，见此场景，对自己团队的导游员说：“你看人家那个团的导游，真厉害！他们客人都吃上菜了，我们还在这里等呢！”话音一落，小李团队中的一位客人说：“我建议，给我们李导来点掌声。虽然这个方法不太好，可她的举动却让我们心里暖洋洋的。”接下来，掌声响起，连隔壁的游客也鼓起掌来。

这样一来，小李真的搞不懂了，这么做是对还是错呢？

案例分析

一次成功的旅游活动，需要餐饮、宾馆、景区、交通等各个相关部门的共同努力和通力合作才可能顺利进行，无论任何一个部门出现问题，都势必会影响到旅游活动的效果，令游客感到不满或是失望。在导游人员代表旅行社与餐饮、景区等部门的交往中，这些部门的服务质量和水平如何，导游人员是无法左右的。因此，这就需要导游人员头脑灵活，有较强的协调能力和公关能力，以保证旅游活动按计划顺利进行。

本案中，导游员小李能够想客人之所想，急客人之所急，为游客“抢菜”。但是，从职业道德层面来讲，为了让自己的客人满意，而损害其他团队游客的利益，这也是非常不妥、影响和谐的。旅游业是一个综合性的行业，导游工作是一项只有大家互相配合才能搞好的工作。团结友爱、相互协作，是导游员正确处理同仁之间、行业之间的行为准则。小李虽然赢得了游客赞许的掌声，但必须意识到这种方法并不是获得游客满意笑容的最佳途径。她可以通过领班或部门经理出面催菜、与其他团队导游协商等方式更好地解决所面临的问题。因此，加强导游人员全局观念的培养还有很长的一段路要走，亟待旅行社及相关行政管理部门下大力气来逐渐完善。

案例思考

导游员小李的冒失行为显然不对，如果你是她，会如何处理？如果按你的方式做，你认为客人会满意吗？

1–6 形象代表有失“形象”

案例介绍

时逢炎夏，学生们又开始了愉快的假期，师大附中的夏令营活动也开始了。在马老师的带领下，第一站到了南京的中山陵。同学们怀着对孙中山先生的尊敬之情走进了景区。许多同学一边听着导游讲解，一边在小本子上做记录。马老师看在眼里，不由得为同学们的表现而高兴。因为，这次活动不仅让同学们开阔了视野，而且，还让大家接受了一次爱国主义教育。

突然，马老师眉头紧锁，是什么原因让他的情绪发生了突变呢？原来，由于南京连日的高温，今天最高温度达到了 36℃，许多人被炎热的天气折磨得透不过气来。而马老师发现，为游客提供服务的导游员们所穿的服装更是五花八门，有长衫、有短裙……真可谓是"导游服饰大荟萃"。只见一位男导游员，身着裸露双臂的大背心和休闲裤，脚下穿一双拖鞋，脖子上挂着一条毛巾，看起来更像是街边卖西瓜的小商贩，正在滔滔不绝地向大家"兜售"。从这位男导游员身边过去的游客，都不经意地回头看看，就像是看一个"很有吸引力的景点"。一些外国游客还停下脚步，拍下了照片。马老师此时再也看不下去了，趁男导游员休息的空当，把刚才的所见告诉了他。小伙子非常不好意思，诚恳地接受了马老师的建议。接着，马老师跟上了同学们的队伍，发现在他旁边还有一个女导游，一只手用小扇子扇着风，一只手打着太阳伞，身上穿的更是"通透"，一层薄纱下面的吊带小衫看得清清楚楚，无奈的马老师只能摇头无语。

马老师一行的游览活动结束了，但此事并没有结束。在网络上出现了那位赤膊导游员的照片，"男导游员不重自身形象"这一标题，点击率位列前茅。为此，这位导游员受到了旅行社的处罚，并在整个行业掀起了一股争当文明导游员的热潮。许多旅行社为了给游客留下好的印象，还为所有的导游员定做了合体的制服，以保证每个导游员都能以最佳形象接待八方游客。

案例分析

导游员作为旅行社的代表，亮相在游客面前时的着装应整洁、大方，符合工作环境的要求。因旅游活动具有涉外性的特点，所以，导游员也是国家形象的代表。当前，我国旅游业的飞速发展吸引了世界各地的游客前来观光、度假。中国导游员也有了更多展示自我及国家形象的机会。在本案例中，导游员因不得体的装束引来外国游客对其驻足拍照，无疑是不利于中国导游整体形象乃至国家形象的。在西方国家，人们对着装不得体表示反感，甚至一些社会学家还认为："如果女性衣服太透或过于夸张，会诱导犯罪。"

由于在出境旅游中常会见到一些中国游客在食用自助餐时浪费、抢座、大声喧哗、衣冠不整、随地吐痰等现象，从而引发了不小的社会反响。2006年10月，在黄金周到来之前，国家旅游局发起了"提升中国公民旅游文明素质"的活动，目的是通过游客行为的自我约束，重塑中国游客的文明形象，并在旅游行业展开了一场大讨论。有人提出，作为整个团队的核心人物，导游员首先应该以良好的个人素质展现在游客面前。

在本案例中，马老师对男导游员的提醒非常及时，可以让他发现不足，注意改正。我国目前有许多旅行社正向着制度化、规范化管理模式过渡，对导游人员的仪容、仪表也提出了更高的要求。如云南丽江，通过导游服饰比赛形式，选出导游员最喜欢的导游服，将东巴文字和本地特色诠释在导游服中，不仅体现了本地文化，也成为旅游中的一道风景。

案例思考

您认为导游员在带团参观游览时应如何着装才得体呢？

1–7　海南事件引发的思考

案例介绍

“尊敬的各位团员，随着车行，我们现在所到的位置，是海南最大的旅游购物定点商店，相信各位远道而来的游客，一定想带一些特色的纪念品送给朋友和亲人吧！现在，大家带好贵重物品和我一起下车！”导游员非常熟练地把一大串话说完后，打开了车门，请游客一个个走下车子。此时，在车门口已经站着一位商店的工作人员了。他手里拿着一张“名片式”的黄色卡片，一一派发给下车的游客，并叮嘱大家不要弄丢，持此卡购物可以享受 8 折优惠大家仔细一看，除了数字“10”，再也没有任何标志了，难道这个卡片就能够打折，许多团友将信将疑。进入购物商店，用人山人海来形容里面的场面一点也不夸张，不大的一个店面里大概挤了有十几个旅游团的客人在买东西，好不热闹。导游员在游客面前，非常认真地当起了推销员。一个小时过后，游客们个个大包小裹，那张不起眼的小卡片还真的能够打折，不过全被收银员回收了。此后，导游员从另一个房间满脸堆笑地走出来，向大家问长问短，并叫上司机开门上车。

这一场景，是中央电视台“焦点访谈”记者的亲身经历。他用 DV 机将导游员如何带领游客进入购物点，以及那张“神秘的卡片”的作用真实地记录下来。导游员进入的那间小屋是何用途，也全部拍了下来。原来，卡片上的号码是为了区别团队所使用的，由于购物点里人员较多，导游员不可能认识自己团队里的每一位游客，为了识别，采取卡片优惠的手段，目的是使游客随身保留好卡片，付款时自动划分团队，避免“肥水流入外人田”。而导游员进去的那个小屋，正是领取回扣的地方。

海南导游员私拿“回扣”事件被曝光后，国家旅游局及海南省人民政府非常重视，由此全国上下掀起了杜绝“回扣”的整改活动。2003 年 3 月 1 日，海南省人民政府颁发了《旅游佣金结算管理办法》，内容如下：

（1）旅游佣金结算遵循“公开、公正、公平”的原则，实行企业对企业的结算。纳入旅游佣金结算体系，通过银行转账收支，如实入账，纳入财务和税务管理。

（2）佣金支付具体比例，由提供中介服务的旅行社与给付旅游佣金的旅游经营者通过合同约定。

（3）旅行社从佣金中分配给导游人员的出团劳动报酬比例，由旅行社与导游人员通过合同约定。

（4）旅游汽车驾驶人员的劳动报酬，由旅游汽车管理公司与旅游汽车驾驶人员通过合同约定，从旅游汽车租车费中提取。

案例分析

导游人员是旅游接待工作的主体，是整个旅游服务的轴心。导游服务作为旅游产品的一部分向旅游者出售，是旅游服务产品质量高低的最敏感的部分。遗憾的是，在中国旅游业飞速发展的同时，导游服务质量一直参差不齐，成为旅游事业深入发展的瓶颈。由于缺乏客观全面的调查分析，加上大众对“导游声音”的忽略、导游队伍自身的不纯洁，使得包括媒体、管理者在内的大多数人一直将导游服务中存在的质量问题，归结于导游人员的素质和道德水准上。不过现在已有许多人意识到，影响导游服务水平的主要原因，在于以“回扣”为主的导游收入体制上。

海南推出的导游合法佣金制度，迈出了规范导游收入、整顿市场秩序的重要一步。可是，如果认为此举能一劳永逸地解决导游服务中存在的问题，显然过于乐观。因为，提高导游服务质量的关键，在于导游人员薪金制度的改革和整个行业的规范。“回扣”现象的出现，也有其特殊的环境。目前，旅行社竞争十分激烈。为了争抢客源，一些旅行社推出“零团费”和“负团费”，致使这部分损失从导游人员购买“人头费”及佣金提成等几个方面再次回到旅行社，但中间环节最大的受害者就是游客。导游员为了把付出的费用挣回来，“不参观先购物，投诉也没用”等事件经常出现。这种情况需要由政府部门和相关的行业管理者一起来解决。只有这样，才能使游客在一个舒适的环境中尽享旅游带来的身心愉悦。

案例思考

你认为导游员收取回扣“合情”、“合理”吗？

1-8 又是导游犯的错

案例介绍

例1：

2006年10月4日，参加贵州省兴义市贵州醇旅行社旅游团活动的一行16人，向国家旅游局假日投诉电话反映，该团被地接社——

广西北海中联国际旅行社的接团车辆司机丢弃在离北海20公里的公路收费站上。地接导游员让游客给组团社打电话要团款，否则中止旅游。经全国假日办初步了解，基本情况是贵州醇旅行社与北海中联国旅就团款一事双方确认，在团队离开北海前付清尾款。当时该团队北海之行已基本结束，正处于驶离北海的公路上。因有2000余元尾款尚未结清，而组团社联系人手机关机，联络不上，于是发生了上述情况。游客不仅拨打了全国假日办和北海市假日办的电话，还拨打了110。北海市假日办和110公安干警均赶赴现场进行调解，北海市假日办在查明事由基础上，对地接社导游人员索要团款的错误做法进行了批评教育。由于现场解决纠纷致使行程延误，北海中联只好另付钱安排了游客行程外的住宿。第二天，该团返回贵州兴义。

例2：

2006年10月8日，兰州市33名游客联名写信投诉至国家旅游局，反映他们乘坐旅游专列赴“青岛—烟台—威海—大连”旅游途中，因旅行社之间团款纠纷而使游客受气的问题。33人分别来自兰州飞天旅游有限公司、兰州交通旅行社、甘肃海外旅游总公司和甘肃省职工国际旅行社。具体情况如下：10月2日，该团到达青岛，地接社青岛广辰旅行社的导游员对游客说：“你们的全陪跑了，你们旅行社没给我们一分钱，晚饭后请尽快与各自的旅行社联系督促交款，否则明天的行程无法进行。”10月3日，在威海准备乘客轮去大连时，游客又被要求必须马上筹款交清，否则下车走人。4日晚，游客们在大连准备乘12:00的客轮，然而，已经到了11:30，其他团队的人都登船了，唯兰州团老老少少33人无人理睬。眼看就要开船了，无奈，33名游客只好自己出钱（每人160元）买了船票。游客反映：“几天的游程中，每到晚上导游员都要来催款要钱。我们对这次外出旅游充满恐惧。”全国假日办10月4日接到青岛广辰旅行社请求协调的电话，称该批游客为计划外多出的人员，更未收到团款。在全国假日办和甘肃省、青岛市假日办的协调下，青岛广辰旅行社垫付了团款，使该团队继续了行程。

案例分析

在上述两个典型案例中，同样是因为旅行社间的团款纠纷委派导游员催款，致使游客对导游行为不满而引起了投诉。

在激烈的旅游市场竞争中，许多旅行社为了争夺市场，总是想尽一切办法吸引客源，而一旦在接待服务中出现问题，导游员作为接待任务的执行者，却往往成为纠纷事件的责任承担者和被投诉对象。在这一现象的背后，导游员更多的是对旅行社的期待。旅行社应该对导游员承担起最基本的保护和尊重，毕竟导游员是对客服务的第一线。旅行社一定要明确其职责和工作性质，不能使导游员陷入尴尬境地，进退两难。当然，导游人员在处理问题过程中，态度上的不诚恳、不礼貌也会让客人不舒服，感觉旅行社和导游一同在侵犯游客的权益。显然，导游人员的处事不足在整个事件中被“放大”，从而致使游客情绪更加激化。

我们可以看到，在旅游活动中，导游工作是各项旅游服务相互联系的纽带和中间桥梁，而导游员也是旅行社与旅游者之间、旅行社与其他旅游企业之间的联络员，在旅游服务各环节之间相互协作、顾全大局方面，在沟通上下左右、内外关系方面的作用举足轻重。其具体表现为：

（1）承上启下。导游员是国家方针政策的宣传者和具体执行者。其代表旅行社执行旅游计划，为旅游者安排、落实食、住、行、游、购、娱等各项服务，并处理旅游期间出现的各种问题。同时，旅游者的意见、要求、建议乃至投诉，其他旅游服务部门在接待工作中出现的问题及他们的建议和要求，一般也通过导游员向旅行社传递，直至上达国家最高旅游管理部门。

（2）连接内外。导游员既代表接待旅行社的利益，履行合同、落实旅游计划，又肩负着维护旅游者合法权益的责任。他代表旅游者与各有关部门进行交涉，提出合理要求，对违反合同的行为进行干预，为旅游者争取应该享受的正当权益。导游员有责任向旅游者介绍中国，帮助他们尽可能多地了解我们的国家、社会、人民、文化、风俗民情及国家有关政策、法令等，同时也要进行调查研究，从旅游者那里了解外国。

（3）协调左右。旅游服务与其他社会服务有着密不可分的联系，而旅游服务的各组成部门，即各个不同系列的服务，在实施过程中又是相互渗透、相互作用、相互联系、相互合作的。

由此可见，导游人员的工作是复杂的。这份工作需要社会更多的人来认知，也希望有更多的旅游者能够对这一职业多些尊重。同样，导游员自身也应逐渐完善，通过双向努力，减少因沟通不利造成的隔阂和不信任。这样，旅游活动一定会在愉快的笑声中度过，给每位游客留下甜美的回忆。

案例思考

如果你是事件的亲历者，该如何处理？

1-9 手语导游体现人文关怀

案例介绍

案例 1：

面对美丽如画的风景，聋哑游客却只能看而不能听，更无法接受导游服务。这种尴尬今后将不会在中山陵景区出现了。中山陵在南京景区中率先推出了“手语导游”服务，作为“创建全国文明风景旅游区和 5A 级旅游景区”的内容之一。从 2006 年 7 月 21 日开始，中山陵导游公司 56 名导游员利用每晚业余时间进行了为期 8 天的手语培训。市特殊教育学校的资深手语教师，为导游员讲解了手语的基本理论和构成，并为其进行了日常用语及景点讲解词的培训。使导游员们能够初步识别手语，可进行简单的交流，并为聋哑游客“讲解”中山陵导游词。一位景区导游员颇有感慨地说：“有一位聋哑游客到中山陵导游公司咨询厕所的位置，她刚准备拿出纸笔与我交流时，我立即用手语准确地告诉她‘厕所请往下走 20 米’。见此情景，这位聋哑游客十分惊讶，连用手语表示‘非常感谢’，我心里也高兴极了。”

案例 2：

重庆首个聋哑人旅游团将进行为期 9 天的港澳专列火车游之旅。旅行社为配合这个特殊的旅游团，还专门请了手语导游全程陪同。中旅出境部人士说，能接到这个团实属巧合，当初有一群聋哑市民想出门旅游，但不知道哪家旅行社能接待，就委托一名导游员帮忙。该导游员找到了中旅。“重庆懂手语的导游员很少，找合适的导游员很费时间，最后我们还是找了一位手语导游全程陪同。”该聋哑人旅游团中全都是老年人，年龄最大的近 80 岁。他们将跟着中旅一个 300 人左右的“夕阳红老年团”一起出发，行程和价格都与普通团队一样。这种团的特点主要体现在人性化的服务上，比如，对有些互动娱乐节目，导游员要一一解说，遇到一些知名景点，导游员也要为他们送上详尽的参考资料。

中旅的导游员王文峰，去年就带过一个由 30 多位盲人组成的盲人旅游团，内容是重庆一日游。那次经历给王文峰留下了非常深刻的印象。他说：在白公馆，普通团队解说只需 40 分钟，但为让盲人游客们产生亲身体验的感觉，解说花了一个多小时，“确实很累，但看到游客们满意的神情，我觉得值。”

案例分析

通常来讲，人们外出旅行的前提条件，是游客拥有可自由支配的时间、可自由支配的收入及主动出门的意愿。但对于身有残疾的游客而言，一切却变得不这么容易。在我国，特殊人群游客市场是以散客为主，因为出门在外常因沟通不便而带来诸多麻烦，使这一群体对旅游活动望而却步。不过，我们也欣喜地看到，在上述案例中，无论是旅行社还是旅游景区（点），为了招徕游客，都在想办法提高自身的服务，对于残疾人而言，这的确是一种人文关怀。

随着我国旅游市场的更加细化，特殊人群外出旅游也会变得更加常见。因此，旅游市场呼唤更多的特长导游。在我国，导游人员分类过程中，对于手语导游员的细分还不是非常明确，但我们要看到，这部分市场所占有的空间是不容忽视的。如果旅行社对导游人员开展手语沟通、助残常识等方面的技能培训，将可尽早占领残疾人客源市场。这是竞争过程中的一个制胜“法宝”——人无我有，人有我特。

旅游行政管理部门在加大导游人员培训中，也可以在年审培训及岗前培训等环节加大手语等内容的培训力度，以便此种惠及广大残疾游客的服务成为整个行业的共同行为。其真正意义在于满足残疾游客在食、住、行、游、购、娱等多方面的需求。

案例思考

如果“手语导游员”以志愿者的身份出现，你会加入此行列吗？

1–10　导游被殴打事件

案例介绍

2004 年 3 月 15 日 9:00 左右，珠江国旅接待的东北游客一行 33 人在导游员张辉的带领下，按旅游行程抵达琼海白石岭景区，购票后进入山下索道站等候上山，在快要轮到该团乘坐缆车时（前面尚有 10 多位其他团队的客人）。张辉带领该团 11 人进入老弱病残通道，准备享受景区照顾老弱病残游客之规定，提前登山。验票员王琼认为，该团 11 人中有部分团员不符合照顾对象条件，于是予以拦阻。张辉强行登山，在争执中张辉动手打了王琼头部一拳，随后与游客一道坐缆车上山。山下站的工作人员立即将张辉强行登山情况告知山上站，并要求山上站工作人员将张辉的导游证号码记下。张辉的缆车到达山上站时，工作人员（6 名接待员，1 名保安）一齐围住张辉，强行检查导游证，并发生拉扯，同时山上站工作人员拉闸断电使缆车停车约5分钟。张辉下缆车后，山上站保安继续向张辉索要导游证，张辉则走到一旁打电话。此时部分工作人员和施工的民工围拢过来（其中一人为验票员王琼的父亲）对张辉进行殴打，之后又陆续有多人加入殴打张辉。张辉被打倒，蜷缩在地，面色苍白。该团游客对打人者进行了拦阻，但打人者仍然不停地殴打张辉，游客在救护张辉时也不同程度地被打人者拳脚相伤。游客最后用身体在张辉四周围成隔离墙后，才将打人者拦开，制止了事态的进一步发展。张辉的致伤情况，经海南省人民医院诊断为左胸第5、7、8根肋骨骨折。

此事发生后，琼海市旅游局非常重视，后经研究决定：

(1) 责令琼海白石岭景区限期整改15天，并视整改情况采取必要措施；

(2) 建议琼海市公安局依法查处参与殴打张辉的当事人，并裁定经济赔偿责任；

(3) 由海南省旅游质量监督管理所协调解决游客对景区投诉赔偿的合理要求，并对导游员张辉动手打验票员王琼的行为另案调查处理。

案例分析

这起恶性殴打事件的发生，主要有以下几方面的原因：

(1) 导游员张辉应严格按照景区（点）的要求做事。遇到登山人员较多的情况时不能心急，要按照规矩办事，在与景区工作人员意见不一致时，应通过解释说明的方法，而不应情绪冲动、动手打人，采取强行上山的方式。如果粗暴行事，则不仅会严重损害导游人员的形象，也会使矛盾冲突进一步升级。

(2) 景区（点）从业人员法律意识不强。在旅游活动中，景区（点）作为非常重要的接待部门，同样应承担起为游客服务的责任。

但是，在此案例中，导游员张辉在不理智的情况下打人后，景区（点）工作人员不是向上级领导汇报，而采取群殴打人、临时断电等方式，使整个景区的参观活动不能正常进行。因此，加强景区（点）工作人员职业素质及道德意识的培养也是非常重要的。

(3) 在整个事件处理过程中，张辉没有进行有效的沟通和协调，致使后果严重。

(4) 当事双方在发生问题时，只顾及自己的感受，都没有把游客的利益放在首位，致使部分游客受伤，出现意外。对比起来，为了顾及张辉的生命，游客们冒着生命危险围起保护屏障，制止了事态的发展。可见，在关键时刻是游客的力量挽救了张辉。

所以，导游人员必须正确处理好与游客和相关旅游企业之间的关系。

案例思考

站在旅游从业人员的角度，如何理解“冲动是魔鬼”这句话？

1-11 游客打人后的讨论

案例介绍

温州市龙湾旅游有限公司，于 2006 年 7 月接待了一个由 17 人组成赴北京旅游的团队。游客是龙湾的乡镇干部。不巧的是，返程途中团队遇上了超强台风，航班被迫取消。旅行社安排客人在北京多待了两天。按照双方签订的合同，这两天的食宿费用要由客人自理。团队成员中有一位 42 岁的主任科员认为旅行社要负全部责任，而旅行社向客人解释这不是人为所致，实乃不可抗拒的因素。该客人显得非常激动，在宾馆大堂打了导游员一巴掌。

此事被媒体公布后，温州旅行社协会会长张女士说："这样的事情发生在旅游界，导游员是完全可以维权的，并非只有客人可以去投诉旅行社和导游员。"对此，许多导游从业者发表个人看法，有的说："导游员的心声就是你可以打我、可以骂我，但你不能污辱我！"该游客的做法既不合法又不合理，也由此说明了国家旅游局启动"提升中国公民旅游文明素质"计划的重要性和必要性。

宁波滕头村旅游公司 × 总经理说："法规与舆论不能一边倒，既要保障游客的利益，也要维护旅游从业人员的利益。部分黑导、野导确实破坏了中国旅游的诚信机制和风气，但建立和谐社会，打造'完美之旅'需要旅游从业人员和游客双方共同努力，需要人与人之间的互动。我认为媒体和旅游界人士要勇敢地与游客的不文明行为作斗争！"

温州市旅游质监所 × 所长认为，旅行社做好服务是自己的本分，但对这种不分青红皂白的蛮横游客，旅游监督部门深表愤慨，并呼吁游客要理性维权。即使旅行社在合同上违约，也要坐下来谈，不应让事态扩大化。特别是在创建和谐社会的今天，显然这种做法是背道而驰的。"我想问这位游客的是，这就是你解决纠纷的办法吗？我们应该为旅行社鸣不平，在人格上导游并非低客人一等。此外，我也建议旅行社，碰到这类难缠的客人，应该有礼、有节，努力去化解纠纷。"

案例分析

此案例具有一定的代表性。时下，有钱、有闲的人日益增多，许多人不约而同地选择了跟旅行社团队出游。这并不仅仅是为了方便、快捷，其中最重要的原因是随团出行有售后服务保障。为了在竞争中求发展，一些旅行社还推出“先旅游，后付钱”的宣传。这样一来，在一些意义上使“顾客就是上帝”真正成为现实。

但我们还必须看到，目前，部分游客法律法规意识淡薄，出游前根本不去了解旅游的常识性法规并阅读合同，交钱后写上名字就万事大吉了。直至遇到问题，才拿出合同仔细阅读相关条款。这也说明了很多游客缺乏基本的出游常识。在本案例中，因不可抗力因素——台风造成的游客损失，在合同中已有明确规定。旅行社是不承担赔偿责任的。可是游客并不了解何为不可抗力因素？在法制社会，遇到问题应该通过法律途径来解决。游客的不理智行为造成了比较严重的后果。

复旦大学旅游系副教授沈 ×× 指出：中国近年来过多地强调要提升旅行社和导游员的素质，却忽视了游客素质的提升。2006 年国庆节前后，我国各大媒体报道了中国一些公民在旅游活动中表现出来的不文明行为，已经严重损害了中国“礼仪之邦”的形象，引起了海内外舆论的广泛关注和批评。目前，不少中国公民对此反映强烈，并大声疾呼，国民要有大局意识，文明素质要提高……因此，整个旅游行业的日渐规范，尚需大家的共同努力。

案例思考

请思考，游客素质的全面提高与导游员素质的高低有关系吗？

1–12 从导游“大嗓门”看公共精神的缺失

案例介绍

2006年5月30日，华北旅行社经理吴×在《新闻周报》上看到了这样一篇文章，标题为《导游大嗓门，看公共精神的缺失》，内容如下：

凡有过跟团旅游经验的人都会有这样一个印象：导游员的标志除了一面醒目的小旗子之外，还有他们手中一个高分贝的大喇叭。在国内的各个热门景点，越是游人众多的地方，越是导游员们比赛音高的场所。当然，这种现象的存在也有其合理性，至少游客可以清楚地听到导游对景点的讲解。尤其散客更占便宜，不必靠得太近，就可以免费“蹭”到各种逸事和传说，既保住了面子，又得到了实惠。

可是，导游员们此起彼伏的大嗓门，使原本应该是清幽静美的自然景观、庄严肃穆的文物古迹，失却了原有的光彩。也许，有人认为，这也算问题吗？不过，一定不要小看这些细节，正是这些细小的情节，不但影响了游人的心情，也决定了一个导游员的水平、一个旅行社的服务质量，甚至一个国家旅游业的整体素质。不仅如此，似乎还可以追究到中国人的国民性问题——导游员的大嗓门，也说明了我们公共精神的缺失。100多年前，美国人史密斯就写了一本《中国人德行》，说“中国人缺乏公共精神”。近代以来，严复、梁启超、鲁迅、林语堂等人也反复指出，中国人没有真正的公共精神和公共意识。100多年过去了，尽管我们已经意识到并且有意培养，可现在仍然会被自己和别人指责缺少公共精神，这很值得我们反思。

缺乏公共精神，最本质的原因是一个“私”字。因为一个私心，旅行社和景区收入高就眉开眼笑了，导游员希望游客对自己的讲解满意而减少投诉、多赚钱，游客也因此丰富了知识、增长了见识，好奇心得到了满足，于是，便对别人不管不顾，把公共场所当成自己家的热炕头，使本来应该是神圣、庄严的风景和文化圣地，变成了导游员们比赛音高和音量的闹市

问题不是不能解决，而且方法很简单。作为借鉴，我们可以看看国外的经验，参观过巴黎罗浮宫的人，肯定对那里导游员的讲解方式拍手称快。导游员手里一个小小的耳麦，游客每人一副耳机。导游员轻声细语，游客便可大饱耳福，最妙的是互相之间绝对不构成干扰，所以尽管偌大的罗浮宫人潮涌动，却仍然能够保持静穆、庄严的气氛。每个人都小心翼翼，心中充满对艺术的敬佩和感恩的气息。这是多么的可贵。

耳麦和耳机的科技含量并不很高，很容易操作，也并不值多少钱。我们的各个景点或旅行社完全有能力购置这样一些小设备。解决问题的方式如此简单，关键是有没有这样的意识。

看过这篇文章后，吴经理将其剪了下来，并贴到了旅行社地接中心的通告板上，她希望每个来取喇叭接团的导游人员，都能看到这篇文章。

案例分析

近年来，我国旅游业发展得非常迅速，黄金周和节假日到来时，经常可以看见一些旅游景区人山人海，远远望去只见人头攒动，根本看不见美丽的景致。一些随旅游团前来参观的游客，在旅游活动结束后非常感叹地说：“旅游就是‘上车睡觉，下车通道，景点拍照，

回来啥也不知道’。”

身为导游，听到这样的评价，实感无奈。从目前的现状来看，显然是旅游市场上的各方都没有注意到这个问题。在这个问题上，景区（点）、旅行社、导游员和游客，人人都有责任，景区（点）和旅行社应该加强管理，采取一些切实可行的办法。比如，国外的一些成功经验；而导游员和游客则应该自觉约束自己的行为和声音，约束自己的私心和欲念，以保证旅游胜地的安静和圣洁，从而，也培养了公共精神和公共意识。

游客本是来欣赏美丽的自然山水和人文景观的，这种审美的过程需要一种静谧的心态和气氛，才能真正领略到山水的妙处和文化的真谛。古人云“不敢高声语，恐惊天上人”。希望导游先生和导游小姐们“不要高声语，莫惊身边人”。

案例思考

在我国旅游景区（点）禁止导游员使用扩音喇叭可行吗？

1-13 优质服务来自真诚

案例介绍

时值美丽的金秋时节，红叶谷将“大实惠超级市场”的员工吸引到了“红叶度假村”。在旅行社的精心安排下，全天的活动紧张有序，大家非常开心。当天晚上，当大家兴致勃勃地从红叶谷回来用餐时，一位员工发现餐厅所上菜肴中有一条虫子。顿时一桌游客食欲全无，有的还感到恶心。游客们当即找到此次旅游活动的全陪导游员小李，气愤地说："马上给我们换一家餐馆用餐。"面对愤怒的游客，导游员小李首先代表旅行社和饭店向全体游客表示歉意，然后很快找来该饭店餐饮部经理，向他反映了情况，并提出解决问题的建议。餐饮部经理代表饭店向游客作了诚恳道歉，同时，让服务员迅速撤走了这盘菜，为了表示歉意，还给游客加了一道当地风味特色菜。面对导游员小李和餐饮部经理真诚、积极的态度，游客们谅解了饭店餐厅的失误，也不再提出换餐馆的要求了。

案例分析

本案例中，客人在菜肴中发现了虫子，应该是一件处理起来比较棘手的事情。导游员小李能够从大局出发，安抚客人，做到真诚待人，在她与餐厅的积极态度和共同努力下，未使事态扩大，平息了游客的不满情绪。应该说，是她的真诚打动了客人。

谈及真诚，导游员必须做好以下几点：

（1）真诚待人的最本质的灵魂是"真诚"，只要真诚，"心诚则灵"。无论游客是多么的诡谲和刁钻，都可在导游员诚恳热情的服务下转变态度，化消极因素为积极因素、化不满意为比较满意。这也许是众多优秀导游员取得成功的秘诀。要待人以诚，导游员不仅要言行一致，而且要以心换心。虽然每位导游员的"导技"各有千秋，但只要精诚所至，游客心里自然会理解和谅解的。反之，有些导游员表面功夫极佳，而内心深处却老是想着其他"诱人的香饵"，这只能招来游客的反感和蔑视，其最后的结果也是可想而知的。

（2）真诚待人不要怕"碰钉子"。导游员在整个带团过程中碰到钉子也是难免的。从某种程度上讲，导游员就是生活在钉子中，那种委屈和不是滋味的感觉时常在心中萦绕。但是应该明白，带好团是导游员的神圣职责，要真诚待人就要不怕挫折，要具有不达目的誓不罢休的坚强意志。

(3) 真诚待人要建立在实事求是的基础上。导游员要勇于在游客面前承认自己工作的不足和失误，要虚心听取游客的意见和评头论足，不要怕丢面子，更不要怕投诉。因为，一名真正以诚心对待游客的导游员，是能够取得游客信赖的。古人云："知之为知之，不知为不知，是知也。"因此，导游员实事求是的态度，是真诚待人的灵魂。

(4) 真诚待人最需要受得住委屈。从心理角度讲，人的感情来自客观事物的刺激。换言之，游客内心感受到导游员的真诚，是靠导游员平时的所作所为和一言一行，是靠导游员以真诚的情感去影响、去感化游客的。有相当一批导游员，他们带团从不叫苦，再累的活也能坚持到底，但就是经受不了半点委屈，有许多旅游团带不好，就是因为受不了委屈而造成的后果。为此，真诚待人就要学会经得住委屈。做导游工作只有拿出一颗真心，才能用自身的行动感化游客，才能以情动人。

案例思考

你认为"真心换真情"这句话有道理吗？

1–14 特色导游引发的思考

案例介绍

导游人员是旅游行业里一个极其重要的群体。游客正是通过导游员来加深对目的地景观、人文的了解的。在很大程度上，导游员的形象代表着旅行社及景区（点）的形象和服务质量。导游是一种特殊的服务。如今，一些有智慧的经营者将这种服务演绎成了景观的一部分，让游客在欣赏景观、享受服务的同时，更深层次地体验旅游的快乐。

例 1：

和尚导游

南岳衡山，风光旖旎，儒道释三教均源远流长，山石古松、万年庵刹，无不弥漫着浓浓的佛法气息。一位高僧正轻吐“梵音”，为南岳圣地“注解”，在游人的眼中他早已和衡山融为一体，成了一道风景……这位高僧正是被南岳区政府授予“首席品牌导游”的福年寺方丈、全国人大代表释大岳法师。深厚的佛法理论和对南岳历史的熟稔，使这位“和尚导游”为南岳景色更添了一笔神韵。

例 2：

乌镇的“洋导游”

乌镇仁义桥头，一位凹眼高鼻、手持标志物，俨然一副导游打扮的外国人，正向其同胞滔滔不绝地讲解，时而也会用流利的中文为中国游客来上几句："……这叫仁义桥，这里的桥都有个'仁义寿德'的名字。河边一排排的小房叫'水阁'，它与中国云南的'吊脚楼'很像……"这位"洋导游"是荷兰人马格思,但他并非职业导游,而是上海浦东某外资企业的职员，因每年要陪本公司外籍员工来中国的家属旅游，故练就一身地道的导游本领，而且还可以用中文为中国游客讲解。他不无得意地自诩："我是第一个洋导游，可以申请世界吉尼斯纪录。"

例 3：

市长当"导游"

2006 年大年初二上午，厦门鼓浪屿景点游客如织。厦门市副市长叶 ×× 在景点主动向来自各地旅游团体的"假日游"游客们恭贺新年，并亲自为游客介绍鼓浪屿的景点。游客们高兴地说："没想到我们来厦门还能享受到副市长为我们做导游服务。"旅游业竞争激烈,企业各出奇招,请副市长来做"导游"可谓用心良苦,倒也出奇制胜。厦门对旅游业的重视程度可见一斑。

例 4：

58 岁的导游小姐

"桂林山水甲天下，阳朔山水甲桂林"，风景秀丽的阳朔月亮山景区，一个淳朴的中国老太太正用英语和一个外国游客闲聊着。当她知道这是个法国人时，就用法语说："你好！"老外很激动："您还会说法语？"老太太又缓缓地用法语说道："是啊！你看我们的月亮山多么漂亮！"接着她又讲起了月亮山优美的传说。法国游客在遥远的东方，听到一个中国老太太跟他讲母语，感到非常的亲切。于是盛情邀请道："月亮妈妈请您为我做导游吧……"这就是在互联网上有自己的网页，还在工商部门注册了商标，被人称做"月亮妈妈"的 58 岁的"导游小姐"徐秀珍。徐秀珍由一个背箱卖饮料的小贩，成长为一个出色的、深受外国游人喜爱的导游员经过了一个艰辛的过程。在此过程中，年逾五旬的她，除了注重外语学习，最主要的是以淳朴的真情打动游客。1998 年，阳朔旅游管理部门为“月亮妈妈”颁发了导游证。

案例分析

这里介绍的 4 位导游各具特色。他们的特殊性是建立在众多规范性的基础之上，没有“陪衬”也显不出他们的“奇特”来。而这陪衬，正是那些接受过专门培训的“科班儿”导游们。

旅游服务行业最大的特点之一，即是“可进入性强”。导游行业发展至今天，已经有了比较完善的考核系统和管理体制，为了适应不断加剧的客源市场的变化，一些景区（点）就在新、奇、特上做文章，以此来招徕游客，吸引人们的目光。本案例中“特色导游”的出奇制胜之处在于，他们能够抓住自身的长处和优势，获得了较好的效果。而目前我国导游服务行业的现状，是缺乏一大批具有优势的导游员，如果导游从业人员能够加强自身修养，不断充实自我，一定会与上述特色导游一样，受到大家的欢迎。

案例思考

结合你所在的地区，谈谈如何将特色导游服务融入其中？

1–15 领队无精神　旅游失光彩

案例介绍

孙先生是一位保险业务员，个性活泼，喜爱结交各方朋友，更喜好游山玩水，每年总会出国旅游，有丰富的参团经验。去年，他曾因某旅行社服务质量不佳而与之有过纠纷，所以今年，孙先生格外小心地挑选旅行社，最后决定参加一个通过 ISO 质量体系认证的国际旅行社组织的于 2006 年 2 月出发的新西兰精华 8 日游。过年期间旅游团费比较昂贵是众所周知的，该旅行社的团费更是贵中之贵，为了一享高质量的春节假期，团费虽然比较贵也是值得的，但是，令人想不到的是，这个千挑万选的旅行社，却给孙先生留下了极不愉快的回忆。

这个旅游团的领队小贺因刚从欧洲带团回国，随即又带这个旅游团，整个人时差还未恢复，体力不济、神情恍惚，因此带起团来毫无热忱可言。8 天的行程中没有安排机会让团员自我介绍，互相认识。新西兰的行程以车程长为特点，且全程没有地陪。这位贺领队一上车就打呼睡觉，或是只介绍三五分钟，就放音乐让团员一同昏睡。到达落脚的饭店时就算天色犹亮，他也不介绍周边环境，团员请他介绍地理或讲笑话，他却冷漠地回答："谢谢！你们讲，我听。"到达皇后镇时，所住饭店在市区外围，领队又拒绝团员提出的带往闹区参观的要求。小孙一行几人，自行摸索到镇上却看到其他团领队带着客人，有说有笑地夜游，比较之下，更觉得委屈。

在住宿方面，除夕夜预订住 QUALITY HOTEL，到了饭店门口，领队不让团员入内，拿了钥匙将团队带至拐角远处的另一头，由一小门进入饭店，该住宿地点破旧漆黑，没有大厅，整栋建筑只有孙先生这个旅游团入住，且该楼没有门与 QUALITY HOTEL 连接，电话系统也不通。领队没交代其房号，发完钥匙后一溜烟就不见人影了。房间内电话无按键，必须由总机接转，晚上总机及柜台人员下班后，团员无法使用房内电话，各房间也无法相互联络。找不到领队帮忙，团员欲到街上打电话，在空荡寂静中发现没有服务人员，除了可出不可进的安全门外，所有的出口都上了锁，团员质疑这样的服务质量绝不是 QUALITY HOTEL。

餐食部分也让孙先生一行很失望，每餐都只有五六道菜，每次都是卤鸡翅、糖醋鱼、煎蛋，炒两个青菜，还不如北京一个 40 元的套餐。除夕夜也未获加菜，吃得不好，情绪不高，整团的气氛当然就很差。孙先生于旅行结束前，在意见单上把满腹的怨言写了一大篇。可想而知，一场本不应出现的纠纷即将开始。

案例分析

一个旅游团队出境旅游的满意度，受到许多因素的影响，如交通、住宿、餐食、游览等，而其中最关键的灵魂人物就是领队。像本案例中这样兼负导游讲解及服务的领队，更是责任重大，不仅要尽到领队的职责，同时还要对旅游景点进行解说介绍，一人兼两人，掌控整个团队的行程，若没有很好的体力及能力，一般人还真是无法承担这项职责。

但我们看到，该团领队小贺因时差尚未恢复，体力不济，带起团来毫无热忱，一上车就打呼睡觉，也不制造车上气氛，就算其是满腹学识及经验，团员也无从受益。固然领队在行程以外没有义务再陪客人，若该领队能多用点心思，提供饭店的地图及夜游信息，除夕夜加些餐品，客人一定能够体会其贴心的服务。其他的问题自然也就不计较了。

因此，旅行社在选择和聘任领队时，一定要突出强调以下几点：

(1) 领队身上寄托着组团旅行社的信任和期望；

(2) 领队代表组团旅行社的利益，要督促境外旅行社和导游员执行旅游计划；

(3) 领队代表组团旅行社的利益，要保证组团社与游客所签旅游合同的有效实施。

案例思考

领队与旅行社是什么样的关系？

1–16 导游员要热爱自己的家乡

案例介绍

某国际旅行社接待了一个100余人的日本旅游团去宁波参观旅游。由于此团的人数较多，到宁波后分成4个小团，分别乘坐A、B、C、D 4辆旅游车。在宁波游览期间，A号车上的地陪导游员为“讨好”游客，在讲解中，对日本大加赞赏，而对宁波则大放厥词。此车上的日本领队听后脸色凝重。晚上，日本领队召集4辆车上的地陪导游员开会，对A号车上的地陪导游员表示了不满与抗议。他气愤地说：

“宁波是个美丽的地方，我多次带团来宁波。这几年宁波各方面的变化极大。正是因为这地方不错，所以我组织了100多位渴望了解宁波的客人到这里来观光，有可能的话，一些游客还打算在这里投资建厂。然而今天，A号车上的地陪导游员却当着我的游客的面诋毁宁波，这是对我的不尊重，也是对我工作的不支持。为此，我要求全陪导游员立即打电话给宁波地接社，撤换地陪，同时要求该地陪导游员向A号车上的游客道歉。”

案例分析

联合国教科文组织曾邀集著名专家，就“21世纪需要什么样的人才”进行过研讨，专家们一致认为，“高尚的品德永远居于首位”。可见，在任何时代、任何国家，人的道德品质总是处于最重要的地位。中国导游人员思想品德的最重要的体现，就是热爱祖国、热爱家乡。

热爱祖国、热爱家乡，是中国合格导游人员的首要条件。这是因为：第一，导游人员所从事的工作是宣传中国、宣传所在城市最好的方法和最有效的途径。在这种良好的工作环境中导游员可以将自己的才能和智慧淋漓尽致地发挥出来。而通过导游服务，在海外旅游者面前，导游员就是国家形象的代表。外国游客正是透过导游员的思想和言行来观察和审视中国。第二，可爱的家乡、秀美的风光是导游员讲解内容的精华所在，没有这些丰富的资源，导游员是不可能提供给游客满意服务的。

本案例充分说明了导游员热爱自己祖国和家乡的重要性，如果连自己的家乡都不热爱，当然也不会赢得游客的尊重。

案例思考

你是如何理解“导游员是国家形象的代表”这句话的？

1-17 饮酒过量的女导游员

案例介绍

华达旅行社一位女导游员带团到苏州旅游，由于该导游员个性豪爽又与团里客人相处不错，临别前的一个晚上，几个客人请其到某酒家吃饭。该导游自恃酒量好，又不想让客人感觉自己清高，席间对客人的敬酒总是来者不拒，结果喝得酩酊大醉，由几个游客扶着走出了酒家的门。到了门口，游客让她一人先等一会儿，他们去叫出租车。可是，此时该导游员已无法站稳，由于饮酒过量，难以自控，呕吐到了身旁一辆新的私家车上，恰好此车主人从酒家走出来看到这一幕，不由分说就找来一桶水朝车身上泼去。女导游员顿时惊醒过来，马上闪身并连忙向车主道歉，但即使如此，迷信的车主还是觉得不够，再打了几次水往该导游员吐过的地方不断冲刷，场面非常尴尬。

案例分析

近些年，一些旅游团游客与导游人员之间的关系随着旅游大环境的逐渐改变，日渐好转。许多游客经常请导游员吃饭、喝酒，类似本案例中所述事件常有发生。许多游客认为，导游人员属于在社交方面比较擅长的人，酒量一定了得。所以，当导游员应邀前往时，经常是一醉方休。

我国对于导游人员的个人行为规范有明确的规定：导游人员饮酒量不要超过自己酒量的1/3。该案例中的女导游员由于在饮酒方面未对自己加以节制，结果造成非常恶劣的影响。作为一名导游员，时刻不能忘记自己的身份，在各方面都应对自己严格要求，要自尊、自重。本案例实在是一个深刻的教训，值得每个已成为导游员或即将成为导游员的人深思。

案例思考

如果你是一位不胜酒力的导游员，客人向你敬酒，你该怎么办？

1–18　逃票

案例介绍

某自然风景区位处城市的郊区，被称为城市的森林氧吧，每天都吸引着不少游客到这里参观游览。导游员小蔡的家就住在风景区外侧。一次，小蔡无意中发现景区的栅栏被人断开了，足够一个人进入。几天后，小蔡恰好带团参观，游客要自费参观该景点，为了牟取私利，小蔡和游客协商，他会想办法让游客进入景区，为游客省下40元的门票钱。但是，大家每人应付给他20元的小费，游客感觉这样也是可以的，就答应了蔡导的建议。让大家没想到的是，小蔡竟是利用景区护栏损坏，无人看管这一漏洞，让游客“钻”进景区。虽然，游客们有些不情愿，可是为了省钱也只好听从小蔡的安排。

实际上，该景区的工作人员早就知道这个区域的栅栏破损，正在组织人员进行维修。为了防范游客不购票进入景区，经常有人在此巡逻。当游客由此进入时，恰巧被巡逻人员发现，逮了个正着。这时，游客们非常懊悔刚才的选择，而小蔡也因为蓄谋逃票而受到景区处罚和上级旅游行政机关的通报批评。

案例分析

一般来说，导游员在带团时被景区处罚的现象并不常见。本案例中小蔡的行为不仅严重损害了导游人员的形象，同时，对游客进行了错误的引导，与“游人之友”和“游人之师”这一称谓极不相符。因此，旅游行政机关和景区对小蔡的这种行为进行处理，是正确的，也是必要的，可以起到警示作用，以防止其他人重蹈覆辙。

但我们也应深层次地看问题，本例中：

(1) 景区不能及时修复被损坏的围栏，为游人的乘虚而入提供了可乘之机。导游员小蔡错误行为的出现，与景区疏于管理也有一定的关联。

(2) 游客在得知是通过逃票进入景区后，未能坚持原则，而为了省钱认同了小蔡的建议，说明游客也须加强文明出游的意识。

(3) 导游员小蔡为了贪图蝇头小利，在经济利益的驱动下作出自毁声誉的蠢事，虽然是个别行为，不具有普遍性，但也说明目前旅游从业人员的素质参差不齐，导游服务市场的确还存在不规范的问题，管理部门须进一步完善相关行政法规，加强管理和监督。导游人员则应从自我做起，从身边的小事做起，严格自律，树立诚信观念，扎扎实实地做好诚信服务工作。这样才能加快我国旅游事业的发展，塑造我国导游人员的良好形象。

案例思考

小蔡的行为说明我国导游人员在哪些方面缺乏意识，需要加强自身修养？

1-19　讲“笑话”的泰国导游员

案例介绍

2004 年 4 月，小赵以老干部处工作人员的身份，带着一个由 21 位老干部组成的旅游团赴泰国旅游。一路过来，看到许多秀美的风景和异国风情、文化，让大家赞叹不已。但赞罢之余，又对泰国导游员的“热情”服务，颇有点哭笑不得。因为，一路上他的“黄段子”说个不断，使得老干部们非常尴尬。

小赵早就听说现在一些导游员为了给游客“解闷”而精心“烹调”了“黄色大餐”。让他不解的是，难道导游这个被人们视做“杂家”的“游人之师”，只会讲低级庸俗的黄色笑话吗？显然，这与随地大小便、随地吐痰等陋习一样，都是不文明的表现，对社会风气的不良影响不能低估。更何况，旅游团中不乏未成年人，面对导游员赤裸裸的“笑话”，孩子的心灵会受到怎样的影响呢？小赵私下里问泰国导游员：“你们在车上这么讲，没有人管吗？”泰国导游员说：“在泰国色情文化是合法的，是泰国政府允许的。所以只要国外旅行团一踏入泰国国门，在带队走马观花地看完景点后，讲讲‘笑话’，组织游客参加自费活动，不分年龄，也不论性别，集体参与泰国色情文化，这是太正常不过的事情了。”

案例介绍

导游员的一言一行，体现出地方的精神风貌，展示的是地方的对外形象。而导游员准确、生动、形象的语言，会提升地方的文化品位，从而吸引更多游客。重要的，还在于旅行社自身也能获得经济效益和社会效益的“双赢”。我国已进入旅游业快速发展的“黄金期”，会有越来越多的游客出境旅游观光。各旅行社和旅游行政管理部门也应加强对导游人员的教育管理，莫把庸俗当趣味，自觉与“黄色笑话”绝缘！

旅游目的是探寻文化、观光美景、享受自然，而这一切需要用文明的环境、举止、语言来维护。随着社会旅游观念的不断发展，文明意识也应该与之同步提高。了解景点历史、文化背景，开展文明旅游，才能真正提升游客旅游的质量，使旅行不仅是走过、看过，而真正成为一种与自然和文化的融合。这就更要求导游人员具备较广泛的基础知识，尤其是政治、经济、历史、地理，以及国情、风土习俗等方面的知识，使讲解做到语言准确、生动、形象，富有表现力，而不能靠“黄段子”来“补拙”。

案例思考

如何看待旅游车上的“黄色笑话”？

1-20　不会唱国歌就请你下车

案例介绍

隆冬季节，在素有“塞外春城”之美誉的北方城市长春，迎来了新加坡“纵横中国”系列旅行团的近 200 多位游客。旅行社通知接团的各位导游员，客人们大约在下午 3:00 到达长春，负责此团接待的导游员小李和另外 3 名导游员，早早就在游客将下榻的“名门饭店”大堂等候了。

不久，客人如约而至，因人数太多，客人被分成了紫色、黄色、红色、绿色 4 个小组。每位游客的行李上都有彩色的绸带来区分各自的组别。因为新加坡团队在长春的行程非常简单，仅有长春市 4A 级旅游风景区净月潭的高山索滑道一个行程，安排在第二天上午进行。导游员们分别与各自小组的游客见面并商定了用晚餐的时间。小李的客人打算 5:30 下楼，先欣赏一下长春的市容后再到酒店用餐。

5:40，旅游车缓缓启动，新加坡的游客把目光都投到了导游员小李的身上。小李面带笑容，拿起话筒，按着带团程序，要讲一段热情洋溢的欢迎词。事前，计调人员曾特别嘱咐，该团游客大多能听懂普通话，不过，也有一部分游客讲英语，希望小李在讲解时注意分别关照。因此，小李先用英文讲了一段开场白，又用普通话重复了一遍。但是，刚要往下进行，坐在第二排的一位头戴礼帽的游客，举起手来，打断了小李。小李看到游客示意，上前询问：“先生，您有事吗？”“导游，麻烦你先不要讲解，我有件事想问一下，你会不会唱中华人民共和国国歌？”小李一愣，问我会不会唱国歌，什么意思呢？这位客人解释说：“在上一站哈尔滨参观时，我也把同样的问题提给了当地的地陪导游，那位导游员只唱了一半竟然忘词了。我们大家把她请下了车。在这辆车上，90% 的人都是华侨，中国人不会唱中国的国歌是最大的不幸。我们非常爱听，也想和导游员一起唱，不知您能否满足我们的小小请求，如果不能，也请您下车。”

好厉害的下马威啊！小李还真被眼前的这一阵势给吓着了。不过镇定了一下，她便大大方方地回到了导游讲解席上，举起了话筒说：“如果大家想听我唱国歌的话，我非常愿意。但是，我也有个小小的要求，希望车上的贵宾们能够脱帽。”看着各位客人把帽子摘下来后，小李放开了歌喉：“起来，不愿做奴隶的人们，把我们的血肉筑成我们新的长城……”国歌在整个车厢里回荡着，小李把自己对祖国的爱全都融入了歌声之中。这一刻，她的感受是那么的复杂。当国歌唱完后，整个车厢内响起了雷鸣般的掌声。

新加坡客人点了点头，笑着说：“李导，你唱得不错，你可以讲解了。”小李带着笑容幽默地反问：“我不用下车了？”车内又响起了热烈的掌声。

案例分析

今日的旅游行业已不同往日，有些人当导游的目的，早已从实现自我价值演变为赤裸裸地追逐金钱。在本案例中，新加坡游客怀着一颗诚挚的赤子之心，想听导游员唱中华人民共和国国歌。一个极易满足的小小请求，上站导游员却不会唱，这位被“赶”下车的导游给客人留下了一个阴影。这站导游员会是什么样的结果呢？本不该产生任何疑问的地方却引来全团游客的关注。

我们应该看到，有许多导游从业者的个人素质还亟待提高。导游人员是国家形象的代表，责任非常重大，所以，导游人员在向旅游者提供导游服务时，要自觉维护国家和民族的尊严，要珍重“国格”。一名合格的优秀导游员，不仅要热爱祖国的美好河山，更应树立民族自尊心和自豪感，通过生动、优美的讲解和自己的实际行动，让外宾游客感受到每个中国人的爱国主义情怀。小李以自己的实际行动向游客表明，她是一位合格的中国导游员。小李值得每一位导游员学习。

案例思考

在接待旅游团队时，你会通过什么形式来体现自己的爱国心？

1–21　最生动的课堂

案例介绍

建立在伪满皇宫旧址上的宫廷遗址型博物馆——伪满皇宫博物院，经过几年的修复工作，全面向游人开放了。作为吉林省长春市著名的景点和爱国主义教育基地，大量的游人和学生团体来到这里参观。一些学校通过到此参观，对学生进行近代史教育和爱国主义教育，进而达到振奋民族精神，凝聚民族力量，使每个同学牢记历史，珍惜今天的幸福生活。

实验高中三年级 10 个班近 400 名同学，在校团委的组织下，也来到这里参观。在参观东北沦陷史陈列馆时，三班有几个学生不太安静，在旁边打闹。此时，负责讲解的伪满皇宫导游员小陈中断了自己饱含深情的讲解，一下子变得严肃起来。她说："各位同学，你们即将告别高中学习，进入大学的校门了，今天来到这里参观，其实是对自己心灵的又一次洗礼。我们今天的幸福生活正是因为许多革命先辈们的牺牲所换来的。所以，我希望，通过我的介绍，你们能够被这些图片和蜡像人物反映的场景震撼和警醒，增强大家的民族意识。正如在博物院门口，江泽民同志的题词一样：'前事不忘，后事之师'。你们今天在这里只有将这段历史牢记在心，回到学校才能更加努力地学习。当你们学业有成后，才能为我们伟大祖国的建设事业作出更大的贡献。你们觉得我说得对吗？"

听完导游员的这一席话，所有人的神情都变得凝重起来，在接下来的参观中自始至终都没有一个人喧哗。参观结束后，大家都争抢着和这位导游员拍照留念，几位刚才打闹的同学回到学校后，还写来一封检讨信，承认错误。

案例分析

本案例中的景区导游员小陈，充分表现出了一个导游员的职业道德。她以自己的言行给这个旅游团上了一堂生动的爱国主义教育课，体现出的是她强烈的爱国之情和敬业爱岗精神，真正做到了导游员是"游人之师"。她不仅为这些尚未步入社会的孩子们"传道、授业、解惑"，出色地完成了自己的工作，也使同学们将这一场景深深地印刻在脑海之中，久久不能忘记。

案例思考

如果你遇到小陈这种情况，会和她一样做吗？

1-22 灾难中绽放的“导游之花”

案例介绍

地震，一场发生在天府之国——四川的 8.0 级特大地震，美景毁灭了、房屋倒塌了、道路阻断了，当做梦都想不到的灾难真的降临的时候，当无数游客不知所措的时候，“导游之花”勇敢绽放！

小谢是无锡江南国际旅行社一名工作在带团一线的普通导游人员。对她来讲，虽然带团的经历已有无数次，然而，却从未像这次这样刻骨铭心；这里的风景虽然她已经看过好多遍，然而，却从未像这次这样终生难忘；服务游客对她来说是一种职业要求，然而，也从未像这次这样让她的品性与职业操守得到绝美的升华与释放。

2008 年 5 月 12 日下午，全陪导游员小谢带领 23 人的旅游团队，浏览了乐山大佛，观赏了黄龙国家自然保护区后，他们来到了九寨沟。下午，她带领其中的 11 人先回宾馆休息，其他人由地陪导游员带领继续游览。

进入宾馆刚半个小时，突然，房间的灯光忽明忽暗，接着就彻底熄灭了，伴随而来的是地动山摇，整个房间剧烈摇晃，强烈的地震使所有的人惊恐万分。当从未经历过地震的小谢从懵懂中恍然醒悟过来时，她踉跄着往二楼边跑边喊：“地震啦，快跑……”此时，房屋外已经站满了从宾馆里跑出来的人。

房屋如同风中摇曳的树枝，一阵阵轰鸣声从对面的山谷中传来，泥沙裹着巨石从山上滚落……“天哪，还有十几个人在山里呢！”电话不通，无法联系，怎么办……她急出了一身冷汗。

终于，其余的队友回来了，小谢清点人数，谢天谢地，一个不少。她一面让大家集中起来在空地上休息，一面细心地为一位摔伤的女游客处理了伤口。这时候，单位的电话来了，告诉小谢汶川发生了特大地震。

此时九寨沟全面停电、交通受阻，看来被困是必然的了。小谢果断决定“储备粮草”。冒着余震的危险她给客人买来了水、面包、饼干、牛奶等食物，以备急需；天还没亮，又和大家一起乘车赶赴九黄机场，只见机场人山人海，工作人员通报，不知何时才能有航班可以安排。

这时，一位女游客呕吐，原来，她怀孕了，于是，小谢又是一阵忙碌。

机场把游客安排到了松潘县的太阳河大酒店，为照顾游客，小谢要求和乘客住在同一栋楼，而且，她把自己安排在最高层。此后，她接到旅行社领导和无锡市旅游局领导打来的慰问电话。小谢知道，她不孤单，背后有家乡人的无限关注。

安排好住宿，小谢赶紧去安排客人的晚餐。这家酒店一下子要安排300多位游客用餐，正可谓僧多粥少，饭已经没有了，只剩了一点面条，于是，小谢连续端了3大碗给大家吃。当大家吃完饭后，她望着空空的盘子，吃的，已经一点儿都没有了，她只好回到房间里喝水。那晚，对她来讲是一个不眠之夜。

从九黄到重庆，终于在重庆拿到了可以飞离地震灾区的机票。安排好客人入住重庆海逸大酒店后，小谢拖着疲惫不堪的身体打开房门，瘫坐在地。

5月15日中午，这支旅游团队终于登上了返程的班机。

案例分析

2008 年 5 月 12 日，是一个中国人永远不能忘却的日子，有众多工作在旅游一线的导游人员，他们在地震灾难来临时的英勇表现令人称赞，在灾难面前，他们镇定乐观，不顾个人安危，带领游客脱离险境，充分体现出导游人员的机智果敢和崇高的职业道德情操。

从汶川地震中，国家、行业、个人都吸取了许多教训。旅游业反应也很快，许多地区在旅游相关部门或旅行社的组织下，都开展了灾难危机情况应急培训，包括抢救性护理和避险等。可见，一名合格的导游人员除须具有良好的道德品质外，还必须要具备处理突发事件的能力。例如，当地震来临时，不要靠近水泥建造的板墙、门柱等，而应该尽快跑向比较开阔的地带躲避，用手或旅行包保护头部，并不要随便返回室内；避开高大建筑物，如高楼、立交桥和高大的烟囱、水塔等，尤其应避开玻璃幕墙的建筑，以免被碎裂坠落的玻璃砸伤，同时，也应避开变压器、电线杆、路灯、广告牌、吊车等危险和高耸或悬挂物；在汽车、电车或火车内，应抓牢扶手，以免摔伤，同时要注意避免行李掉下来伤人；面朝行车方向的人，要将胳膊肘部架在前坐席的椅背上，身体前倾低头，两手护住头部；背朝行车方向的人，要两手护住后脑部，并抬膝护腹，紧缩身体，做好防御姿势，待停车后，迅速下车向开阔地转移等。

案例思考

汶川地震对导游工作者是一次严峻的考验，请你谈谈在危急时刻导游人员应如何应对？

1-23 年薪20万难聘高素质导游

案例介绍

从2006年1月1日开始，南湖国旅·西部假期拨出500万元，从全国高薪聘请专职出境导游员，首批名额为50人（男女不限），每人年底薪10万元。录用的专职出境导游员实际年薪至少可达到20万元～30万元。据了解，应聘者需要具备熟练的外语能力和应急处理问题的能力，除5年以上的任职经验外，导游作为公司形象的代言人，在身高、表达能力等方面都必须符合要求。为此，该社还成立了招聘小组，由副总经理任组长，严格挑选前来应聘的导游人员，并制订了长远发展计划和培训计划。

据该旅行社副总经理介绍，一个出境游资深导游员年薪可达10多万元，甚至这只是底薪。事实上，高薪聘请专职出境导游员的实际年薪至少可达20万元～30万元，甚至更多，收入直逼白领乃至公司高级管理人员。但该公司市场部经理表示，经过一年的招聘，到现在他们还没有在中国内地发现合适的人选。他们现在的出境游领队还是在香港招聘过来的。高价难觅导游员，主要有两个限制因素。首先，内地导游员的外语水平是个门槛，虽然会说外语的导游员不少，但是真正能够做到和外国游客无障碍沟通的则是凤毛麟角，特别是对于一些俗语、俚语的理解不到位，常常让双方不能沟通，另外最关键的是国内导游员缺乏经验。所以虽然公司至今收到过万份应聘简历，但却没有达标的人选。

案例分析

在这则案例中，核心问题探讨的是“什么是高素质的导游员？”用旅行社经理的话说：“外语好、形象佳、应变快、语言强、个子高，是参选的主要标准。”可是，作为普通人来看，“人无完人，金无足赤”这句话似乎在“高素质”导游员这里失去了分量。旅行社的招聘条件简直就是一个“完美的人”。

对出境领队的选拔，外语水平向高标准看齐本无可厚非。可是旅行社提出“个子高、形象佳”这样的标准、这样的字眼儿，即使在全国导游人员资格报考条件中也找不到，报考条件不过是以“五官端正”这一绝大多数普通人群都能达到的标准来规范要求而已。显然，旅行社对高素质的要求有些牵强附会。这样一则招聘启事，看起来更像是一种“选秀”活动！当然，仁者见仁，智者见智，或许重奖之下真会有“高人”胜出！

从我国的国情出发，真正高素质的导游员，如下这几点其实更为重要：

(1) 热爱祖国并真诚热情地为旅游者服务，具有敬业精神。

(2) 临危不惧，处事果断。

(3) 提供礼貌服务、微笑服务，使用礼貌语言，给游客一个舒心的旅程。

(4) 健康向上，张弛有度，沟通和协作能力强。

(5) 自觉维护国家的各项法律、法规，依法办事。

(6) 不断汲取知识，视野开阔。

案例思考

如何评价这则招聘启事？谈谈你的个人观点。

1–24 爱心感动游客

案例介绍

2006年农历大年初三，导游员小李和往年一样，不能和家人在一起过年了。因为，旅游团从大年初三开始陆续到达，旅行社在一个月前就把导游员的行程安排妥当了。拿着手里十几个接团计划，小李在心中祝福着，希望在新的一年里，自己的导游生活能有一个好的开端。

初三一早，A7134次航班准时降落到了龙嘉国际机场。机场工作人员为每位乘客准备了一份新春小礼物，使此行的台湾地区游客刚下飞机就感受到了东北人的热情。当小李找到自己的团队后，把大家引领到了旅游车上。春节的祝愿和对远道而来贵宾的欢迎，让客人们感到春意融融。车厢里一位十几岁的小朋友迫切地问："导游阿姨，我们什么时候去滑雪啊！"看着小朋友着急的样子，小李将旅游行程安排告诉了大家。

第二天，大家经过近45分钟的车程，到达了滑雪场。这对于来自我国台湾地区的游客而言，就是一片白茫茫的银色世界。很多台湾游客还是头一次见到雪，这使得大人们也和小孩子一样的兴奋。大多数台湾游客并不知道东北的实际天气情况，虽然知道很冷，但准备还是不太充分。一些游客的鞋子都是单层旅游鞋，而且脚底非常滑，极易摔倒。尽管导游员多次强调和提醒游客，在进场地换滑雪鞋和滑雪板时一定要注意脚下的安全，但是，意外还是发生了。一位50岁左右的阿姨，不小心滑倒在地。因她用手撑了一下地，所以当她起身时，腕关节肿得老高。小李迅速从车上拿来塑料袋，从雪堆里扒出一些冰块给阿姨冰敷，希望可以缓解疼痛。但是，老人的手腕几乎不能动弹，游客们都分析可能是骨折了。为了能使老人得到及时的治疗，小李以最快的速度将其他游客的活动安排好，约定两个半小时后在旅游车上集合。接下来，她与阿姨的丈夫商量，看是不是到医院看一下，在其家人同意的前提下，旅游车司机和小李陪同阿姨夫妇驶出滑雪场，到市区去寻找医院。可是大年初三这天，去了3家医院都找不到医生，即使有人值班也不在岗。

老夫妇二人说："小李，我看先这样吧！等会儿时间到了，晚上回去再说吧！""这可不行，阿姨，您岁数大了，如果真的是骨折，只有尽快接上才能生长好，何况，我们现在还无法判定是不是骨折，所以，不能耽误。"在小李的一再坚持下，第四家医院终于找到了骨科医生。说来也非常幸运，这位医生还是个骨科专家。他安排阿姨拍片，导游员小李接过单子帮助阿姨楼上楼下地交费、拍片、取片，一身大汗的她，焦急地等待着医生的诊断。医生告诉大家，阿姨的手臂的确是骨折了。这时，小李、司机和游客夫妇二人都有些担心，下面的行程还有两天，阿姨能够带伤继续旅游吗？医生在进行处置时说："由于骨断处比较整齐，考虑你们还要继续旅游，可采取保守疗法。"这下总算给大家吃了颗定心丸。大家谢过医生后便马上返回了滑雪场。在旅游车上，阿姨非常感动地说："导游小姐，你做事果断又热心，刚才楼上楼下地跑，累得满身大汗，真不好意思。这两个红包就算是新年礼物吧！你和司机每人一个，谢谢两位啦！"小李没有想到，自己只是做了分内的事，却收到了一份意外的惊喜。老先生这时突然又想起来一件事，刚才的医药费都是小李给垫付的。这时阿姨就更加感动了，夸小李是位有爱心的导游员。

案例分析

在全国优秀导游人员表彰大会上，我们发现但凡优秀的成功导游员身上，都有一个共同点，那就是“有爱心”，用真心去为游客服务，充分展示出自己的人格魅力。在本案例中，导游员小李用自己的实际行动和真诚的爱心，打动了远道而来的台湾游客。每一位导游员在带团过程中，在老人游客上下车不方便的时候，适时地搀扶一下；发现哪位游客行李带的太多时，适当地帮他们拿一下；发现哪位客人身体不适时，及时地问候一下，这些看起来微不足道的小事，只要用真心去做，相信没有哪位游客会不受感动的。因此，我们的导游人员，在工作中一定要仔细观察，一定要耐心、热心、细心，用自己最诚挚的心，去为游客提供优质服务，去赢得游客的满意。

案例思考

如何理解导游人员应该具有“人道主义精神”？

第2章

没有规矩　不成方圆

由于我国旅游市场不断趋于繁荣，热衷于旅游活动的人越来越多。人们的消费观念也随着经济生活水平的提高日渐成熟。而在旅游业中起着至关重要作用的导游员工作程序是否符合行业规范，已成为旅游者对其服务质量好坏的评价标准。

现阶段，依据《旅行社管理条例》《导游人员管理条例》《导游人员管理实施办法》等有关规定的要求，管理好导游员队伍，提高导游人员的专业水准，规范导游行为和旅游市场秩序，促进旅游业的健康、持续、快速发展，已经成为我国旅游行业管理部门的一项主要工作任务。

导游工作程序，是指导游人员从接受旅行社下达的旅游团接待任务起，到旅游团旅游结束并做好善后工作为止的工作流程。应该说，导游工作程序是在长期导游工作实践的基础上总结出来的，符合实际工作需要。规范化、标准化的接团程序，是检验导游从业人员在为游客提供服务中是否符合要求，达到一定标准的重要尺度。导游工作程序的内容详尽、具体，对于刚刚起步的导游人员来讲，具有指导服务的作用。由此可见，重视导游服务规范内容的学习和掌握，对导游员来讲是件有意义的事情。

2–1 地陪导游员迟到后

案例介绍

小贺是师范大学德语专业的高才生，因为对旅游行业的喜爱，毕业后就到一家国际旅行社从事导游工作。一天，他接到旅行社通知，次日一早让他带领一个德国专家会议旅游团参观。早上7:30，小贺就骑上自行车去游客下榻的饭店，因为旅游团定于8:00在饭店大厅集合。小贺想："从家里到饭店骑车需要20分钟左右，应该不会迟到。"然而，当经过铁路道口时，开来一列火车，挡住了他的去路。待列车开过去时，整个道口已挤得密密麻麻。因为大家都急着赶时间去上班，自行车、汽车全然没有了秩序。越是没有秩序，越是混乱，待交通警察赶来把道口疏通，已过8:00，又10分钟后小贺才赶到饭店。这时，离原定游客出发的时间已晚了10多分钟，只见等候在大厅里的那些德国游客个个脸露不悦；领队更是怒气冲冲，走到小贺面前伸出左手，意思是说："现在几点了？"

小贺带团经验还算丰富，但自知今天这事儿全怪自己，只好静听领队的训斥，不敢出声。事后，旅行社扣发了小贺当月的绩效奖金。

案例分析

地陪导游人员的主要任务，是安排好游客在当地的饮食起居及承担导游讲解服务工作。对于行程的安排应该有一个清晰的时间表，同时，必须牢记接团规范之一，即提前到达约定好的地点，并打出提前量，以避免如本案例中出现交通滞留情况导致迟到现象的出现。

作为导游员，熟悉各个国家或地区的风俗习惯是很必要的。知道了各个国家、地区人们的风俗习惯、性格特点后，导游员就能有针对性地提供服务。如德国游客，他们的时间观念也许是世界上最强的，讲好 8:00 出发，绝对会一个不漏、一秒不迟地准时在大厅集合。这时，如果导游员自己迟到了，其在游客心目中的形象就会大打折扣，即便前面的工作非常出色，也将事倍功半。本案例中，小贺如果能重视德国人的这种惜时如金的性格特点，就会把赶往饭店的时间更提早一些，这样，也就不会出现前述的最后一幕了。当然，作为导游员，不仅是带德国游客，带任何一个旅游团，都要守时，绝不能迟到，这是导游从业人员起码应该具备的素养。如果因为不可预见的因素而迟到，应诚恳地向游客表示道歉，如实地说明前因后果，以求得游客的谅解；工作上要一如既往，不能因为迟到，游客有意见就降低自己的服务标准，而应更加努力，将功补过。

案例思考

导游员如何加强自身时间观念?

2-2 落实接待计划的重要性

案例介绍

小王是一家旅行社的老导游了，凭借多年的带团经验，不论是哪种类型的旅游者，都能够很好地驾驭。这次，小王接待的是一个来自台北的 VIP 旅游团。接团计划书上客人下榻的饭店，是本市的五星级香格里拉大饭店。当游客下飞机后，小王便直接带着游客来到香格里拉饭店入住。可是，当她到前台取房卡时，工作人员称，小王所在的旅行社并没有在这里订房。小王马上把电话打到旅行社计调，经证实，由于变更了计划，该团下榻改到了另一家五星级饭店。小王此时只能满脸堆笑，向游客们求情，请大家再登上旅游车，前往另一家饭店入住。可是，当客人进入这家饭店大堂时，几乎所有的人都拒绝入住。因为，虽然同为五星级，可这里的环境和地理位置等诸多因素与刚刚去过的香格里拉大饭店相差甚远。无奈，小王向旅行社经理求助，经理来后，亲自向领队解释，还为每位客人买了水果并且道歉。最后，客人才勉强同意入住。

案例分析

地陪导游人员在带团过程中，最重要的一个环节就是要认真落实各项接待事宜，尤其是与旅游者密切相关的餐、车、房等问题。小王认为自己经验丰富，不需要再进行确认了，就因为这一点点的疏忽，却给旅行社造成了非常严重的不良影响，使旅行社在经济上有所损失，而且也使小王自己在游客心目中的形象大打折扣。所以，认真阅读接团计划书并做好确认工作是十分重要的。

在旅游服务行业，许多老导游员因为经验丰富，往往容易忽略对行程安排、餐饮、住宿等方面的核对工作；对新导游员而言，在食、住、行等方面的确认工作更是不可缺少。因此，在落实接待相关事宜方面，除本案例中所提到的住房问题外，还应注意以下几点：

(1) 核对日程安排表。当地接旅行社根据组团社旅游接待计划，安排该团在本地的参观游览活动日程时，编制的日程表中要详细注明日期、出发时间、游览项目、就餐地点、风味品尝等项目。地陪对以上内容要一一核对，如发现有出入，应立即与旅行社相关工作人员取得联系，准确把握变更情况后再进行必要的调整。

(2) 落实旅游车辆。

(3) 落实住房及用餐。核对饭店等级、房间数目及早餐等。

(4) 落实行李的安排情况。

(5) 了解不熟悉的景点。对于刚上团的新导游员来讲，一定要先了解新景区（点）的概况，如行走路线、洗手间位置等重要信息，以确保旅游活动的正常进行。

(6) 与全陪联系。入境第一站，地陪要和全陪取得联系，约定接团地点和时间。

案例思考

请阐述落实好旅游团相关接待事宜的重要性。

2–3 规定景点没讲解

案例介绍

某计算机公司一行 50 人，参加一家旅行社组织的“贵阳市—黄果树—天河潭—苗族风情 4 日游”活动。旅游结束后，大家都觉得很满意，在谈论这次旅游过程中也发现了一个问题，即合同上标明的一个景点没有去，于是便写信给旅行社要求赔偿。旅行社根据游客的投诉立即进行了调查核实。原来，与游客签订的旅游合同上标明有“水上石林”的景点名称，而该景点也是游览整个景区的必经之路。按理，导游员应该站在一定的角度向游客讲解一下该景点的概况与特色，或让游客拍照留念。但由于当时处于旅游旺季，游客较多，通道也很拥挤，所以导游员忘记了给游客介绍，造成了走过、路过而实际“错过”的情况。

案例分析

本案例主要是由于游客在旅游结束后发觉遗漏游览景点，导游员操作不规范而引起的。旅行社在以后的调查中证实，旅游合同上标明的景点，其实是到过的，但因导游员疏忽而未讲解介绍，造成了游客似乎没有到过的感觉。

旅游合同上规定的或标明的景点是旅行社的产品或“卖点”，也是旅行社与游客之间的一种合约。而导游人员是完成这个合约的执行者。由于导游人员在思想上不重视，工作上马马虎虎就造成了上述的错误。其教训是深刻的。首先，对游客而言，其本身对景点不熟悉、不了解，旅游感觉的好坏主要是凭印象；其次，就是他们很注意对照合同上的景点是否游览过。所以，导游人员必须严格按照旅游计划带领游客进行游览，并且将每个规定的或标明的景点进行讲解介绍。

案例思考

如何预防“错过”景点？

2–4 与领队处好关系

案例介绍

导游员小单是位新导游员，带团经验不多，导游人员带团的许多“门道”还没有摸清，所以，在接待游客时，常常因为不够灵活而被全陪或领队投诉，小单心理特别不平衡。同样是新导游员的虹虹和小单是好朋友，两人同在一家旅行社带团，两个人不带团的时候总会交流一下带团心得。这天，虹虹回来兴奋地告诉小单说：“小单，我终于知道咱们为什么总是得罪人了！”小单瞪大了眼睛，用期盼的目光等待着答案。虹虹接着说：“今天，我领客人去滑雪场，外面可冷了。客人们回来冻得够呛，大家在休息室里买咖啡，热乎乎的。我也想喝，可是一问价格，15 块钱一杯速溶咖啡，太贵了，我没舍得买。你想，平时在超市里1块钱一袋的咖啡，在这里却卖到了15元，太黑了。可这时候我发现，领队也没买，难道他不冷吗？我一想，这当导游的，内心的想法或许大致差不多，可能也是嫌贵吧！我一咬牙！买了一杯，送给领队。你猜怎么着？”小单反问道：“他把钱给你了？”“没有，他高兴极了，马上就夸我讲解能力强、组织能力强，作为新导游员真是很不错了。”这下，小单好像也恍然悟出自己工作不顺的症结在哪里了。

案例分析

本案例中，虹虹告诉小单的“秘诀”，似乎在处理与领队关系当中非常重要，但是，这并非是在每个旅游团里都非常有效的方法。导游人员在接待各种不同类型的旅游团队时，一定要进行分析，以提供有针对性的服务，通过不断地完善自身来弥补带团服务中所存在的缺陷。

导游员在带团过程中，要学会运用各种方式、方法和技巧来为游客服务。同时，为了圆满完成导游服务任务，必须处理好与领队的关系。领队，既是海外组团社所派出的代表，又是导游服务集体中的一员，还是该旅游团的领导者和代言人。鉴于其地位的重要性，导游人员与领队之间的合作就非常重要，应该做好以下几点：

（1）尊重领队，主动争取配合。

（2）多给荣誉，调动领队积极性。

（3）关心领队，支持领队工作。

（4）坚持原则，避免正面冲突。

（5）提高技能，掌握工作的主动权。

案例思考

你如何看待领队在旅游团中的地位？

2-5 擅自私订协议有效吗

案例介绍

某社区组织 29 名离退休老同志报名参加当地一家旅行社组织的“锦州—兴城—菊花岛 4 日游”活动，每人缴付旅游费用 430 元。该社区与旅行社签订的旅游合同，约定：

（1）全程旅游乘坐进口空调车。

（2）住宿标准为三星级宾馆。

（3）3 个游览地 8 处景点包第一门票。

（4）扣除游览当天早餐及第 4 天晚餐，途中早餐为 8 元，中餐和晚餐分别为 25 元。

出游当天，旅行社派来了一辆国产空调车。对此游客们意见很大。导游员再三解释，并口头同意将用车差价退还给游客。第一天锦州游览后，晚上住在兴城。游客们在宾馆门口及大堂内怎么也找不到挂三颗星的铜牌，经打听才得知，他们正在申请三星级宾馆，不久将会批下来。最为糟糕的是，从锦州到兴城的路途中旅游车抛锚，未能按计划游览兴城一处景点。其中一顿晚餐也由游客自理。为此，该旅游团十分不满，遂与导游员达成退款协议，即由旅行社退还游客旅游车差价、住宿宾馆差价、一顿晚餐费用及景点门票（加门票补偿费 20%）的费用。旅行结束后，社区派人向旅行社索要退款时，旅行社老总对该退款不予认可，并申明导游员无权与游客达成协议。

案例分析

本案例主要是由于旅行社违反与游客签订的旅游合同，未能按照标准向游客提供服务，造成对游客合法权益的侵害而引起的。其关键问题是，导游员在此过程中是否具有权力签署协议。通常来讲，当游客在旅游活动过程中出现问题时，导游员首先要尽量进行沟通和协调，如果在导游员力所能及的范围内无法满足游客的要求和条件时，应及时向组团旅行社领导请示，由组团社负责人拍板答复。本案例中组团社老总之所以推卸责任，并申明导游员与游客之间的协议无效，是因导游员未经请示，便擅自作出决定和处理意见。

尽管如此，因导游员进行导游活动是旅行社委派的，其在一定意义上是旅行社的代表和“全权大使”。既然旅行社的违约行为确凿无误，那么，导游员与游客之间的赔偿退款协议也应视为旅行社与游客之间的协议，应该是有效的。只是作为导游员，一定要切记，在带团过程中若是遇到一些较为严重的服务缺陷或旅行社及相关接待单位的违约现象，应该及时向旅行社汇报，并接受旅行社的指示。这样或许能把事情处理得更好、更圆满一些。

案例思考

导游员如何处理好与游客及旅行社的关系？

2–6 索要小费私拿回扣受处罚

案例介绍

王 × 是一位日语导游员，一天，他接待了一批日本游客到当地旅游观光。按照国际惯例，旅游结束后，每人向王 × 支付了小费 100 日元，可是王 × 觉得太少。这批日本客人多是株式会社的社长，经济实力非常雄厚，只给这一点点小费，似乎说不过去。于是，在整个行程期间，他经常以种种暗示向游客索要小费每人 200 日元。此事引起了坚持原则的日本游客的强烈不满。与此同时，王 × 无视旅行社和宾馆的协议，以不给回扣就鼓动游客挑刺为要挟，索要宾馆回扣 1000 元人民币。当此事败露后，旅游质监部门根据《导游人员管理条例》第二十三条、《旅行社质量保证金赔偿试行标准》第八条、《导游人员管理实施办法》第十六条的规定，作出如下处理：

（1）责令旅行社双倍返还索要的小费每人 400 日元；

（2）责令导游员王 × 退还索要宾馆的回扣人民币 1000 元；

（3）对导游员王 × 罚款人民币 1000 元，并扣除导游计分 6 分。

案例分析

按照《导游人员管理条例》第二十三条规定：导游人员进行导游活动，向旅游者兜售物品或者购买旅游者物品的，或者以明示或者暗示的方式向旅游者索要小费的，由旅游行政部门责令改正，处 1000

元以上3万元以下的罚款；有违法所得的，并处没收违法所得，情节严重的，由省、自治区、直辖市人民政府旅游行政部门吊销导游证并予以公告；对委派该导游人员的旅行社给予警告直至责令停业整顿。《旅行社质量保证金赔偿试行标准》第八条第六款规定：导游员索要小费，旅行社应赔偿被索要小费的2倍。《导游人员管理实施办法》第十六条第二款规定：以明示或者暗示的方式向旅游者索要小费的，扣除6分。依据以上规定，旅游质监部门作出上述处理是正确的。

在导游人员行为规范和职业道德要求中，索要小费、私拿回扣是极其严重的违规行为。针对王×所犯的错误，旅行社应采取教育和处罚相结合的方式，逐步杜绝此类违规行为的发生，使每位导游员都能按规定办事，遵循相应的规范来行事，以避免产生不良影响。

案例思考

结合本案例，请你谈谈对导游人员管理制度的理解。

2–7 如何认找旅游团

案例介绍

2007年1月28日，亚洲冬季运动会在长春和吉林两地同时开赛了，来自亚洲及世界一些国家的客人纷纷来到比赛现场为运动员的精彩表演呐喊助威。小刘及十几位志愿者分别来自于长春市内的高等学府。在这次亚洲冬季运动会举办期间，他们的任务是最为特别的。小刘和这些同学都通过了全国导游员外语资格考试。大会希望由这些同学充当巴士上的随车导游，以使初到长春的运动员、教练员及记者等，好好地领略一下长春这座美丽的冰雪城市。

接到任务后，大家轮流在长春市龙嘉机场接站。一日，小刘按照日程表，接一架从北京飞往长春的中国国际航空公司的航班。在这架飞机上，共有 3 个旅游团队。小刘举起大会的统一标志，在接机口处期待着客人们能够主动上前认找。可是，同样举起高高标志牌的还有许多人。为了能在第一时间接到参会人员，小刘将牌子交给其他工作人员，自己则和另一位志愿者一起主动上前认找，最终将3个团队一个不漏地认找完毕。小刘出色地完成了她工作的第一步。

案例分析

接站服务在导游人员整个接待程序中是至关重要的。因为，这是与客人的第一次接触。这一阶段的工作直接影响着以后接待工作的质量。本案例中，小刘作为冬季运动会的志愿者，在认找团队时，有几个方面做得比较好。如，高举接团标志，上前认找等。在接待正规旅游团队时，应该做到：

(1) 举起接站牌（导游旗），以方便客人（领队、全陪）前来联系；

(2) 如该旅游团有领队或全陪时，导游员要及时与领队、全陪接洽，问清团队的国别（地区）、客源地组团社名称、领队和全陪的姓名等。如果该团无领队或全陪，应与该团成员核实旅游团相关信息，确认无误后才能保证接团工作的顺利完成。

案例思考

导游员核对领队或全陪姓名有必要吗？为什么？

2-8 带领旅游团用好第一餐

案例介绍

“各位接站的顾客请注意，由上海飞往沈阳的CJ6304航班，将于北京时间18:50准时到达机场，请接机的朋友做好迎接准备。”接站的导游员小吴从机场广播室传出的声音获悉，上海一行18位游客即将到达机场了。小吴打开了随身包，将导游旗的旗杆拔了出来，平整了一下导游旗，做好了接团前的准备。15分钟后，游客们在小吴的带领下上了旅游车。几个小时的长途飞行，使许多游客显得比较疲倦。小吴看了一下手表，已经7:00多了。他问道：“大家在飞机上是不是已经用过晚餐了？”大家说：“吃是吃了，可是飞机餐一点也不好吃。我们想来沈阳吃顿正餐，导游有没有安排啊？”小吴在接团前仔细看过接团计划单，在行程中，旅行社特地为刚下飞机的客人安排了晚餐，于是，便说：“大家请放心，我们旅行社早已考虑到大家可能会在飞机上吃不好晚餐。所以，现在我们就到沈阳最有特色的‘老边饺子馆’去吃晚餐。东北人有一句话,叫‘站着不如倒着，好吃不如饺子’。沈阳的‘老边饺子’在全国可是很有名气的。中央电视台的满汉全席比赛——饺子宴，‘老边饺子’拿回好几个金奖呢，一会儿，准保让大家吃得满意，大家看怎么样？”

小吴一席话，将全团游客的热情一下子调动了起来，许多人还在车上讲着自己在家包饺子的心得。一路轻松，当车子停到饭店门口，小吴第一个从车上下来，一路小跑地进了餐厅。原来，他想马上去趟洗手间。客人进到大厅里面，看不见小吴，也不知道该往哪里走，正在焦急等待时，小吴非常抱歉地跑了回来，将客人引领到提前预订好的餐位上。从上海一同到沈阳的全陪张小姐和司机师傅一直跟着团队客人，不知道自己该坐在哪里为好。小吴在忙着给客人倒水，两个人没好意思上前打扰。此时，服务员过来询问，两个人是否需要帮助。二人讲明身份后，服务员将他们引领到陪同桌坐下。由于过了用餐高峰，餐厅里的客人不是很多，后厨上菜也很快，也许是这里的饺子确实独树一帜，上海游客品尝后连连称赞。

案例分析

在本例中，导游小吴的热情使上海游客一见到他就留下了较好的印象，但是在接下来的服务中，小吴有些小的失误。如，没有及时引领游客进入餐厅用餐区；忽略了司机和全陪，照顾不周等。一般来讲，如果游客将要到达某一地区参观之前，地陪要提前落实本团当天的用餐，对午、晚餐的用餐地点、时间、人数、标准、特殊要求等应逐一核实、确认，并应做到：

(1) 用餐时，地陪应引导旅游者进到餐厅入座，介绍餐厅的有关设施、饭菜特色、酒水类别等。

(2) 向领队告知地陪、全陪的用餐地点及用餐后的出发时间。

(3) 用餐过程中，地陪要巡视旅游团用餐情况一两次，解答旅游者在用餐中提出的问题，监督、检查餐厅是否按标准提供服务并解决出现的问题。

(4) 用餐后，地陪应严格按实际用餐人数、标准、饮用酒水数量等如实填写餐饮费用结算单，与供餐单位结账。

案例思考

当游客对一些菜肴烹饪方法感兴趣，而你又不能给予很好的解释时，应该怎么办？

2–9 品尝风味餐

案例介绍

喜欢出门旅行的人大多有这样一种习惯，即来到异地他乡，总想品尝一下当地的独特风味和不同地域文化所带来的特色美食。四川物产富饶、美食众多，川菜及四川小吃享誉海内外，是我国重要的旅游资源。将四川美食向游客推荐，让游客不仅能饱览四川的名山大川，还能品尝到具有浓郁地方特色的风味餐。李先生一行来到成都参观游览，除了团队正常安排的团队餐外，他们更想到小吃街上尝尝那里的特色餐食，因此，特向导游员小田请教，当地最有代表性的小吃是什么，及其所处的地理位置等许多大家关心的"美食"问题。

看到大家对这里的小吃如此感兴趣，小田也非常高兴。这毕竟是对地方经济的一种推动，更说明了这里的饮食已在旅游者心目中占有一席之地了。小田告诉大家："此次四川之旅，旅行社为大家安排团队用餐中已经包含一些地道的小吃，可能是因为与正餐一起品用，使大家感受不深。如果大家还要自费品尝的话，我可以帮大家推荐一些有代表性的美食。”说着，小田便如数家珍般地把各种美味小吃介绍了一番，游客早就按捺不住美食的诱惑了，没等小田介绍完，便三三两两地结伴而行了。

案例分析

通常，品尝风味，是指品尝具有地方特色的风味食品。旅游团品尝风味餐有两种形式：一种是计划内的，一种是计划外的。后者是旅游者自发的自费品尝形式。如果在游客同意的情况下，导游员在帮助安排风味餐时应注意以下几点：

（1）认真、细致、系统地向游客介绍当地的饮食习俗，让游客从另一角度认识异地饮食文化。

（2）向游客推介具有代表性的风味餐。

（3）遵循自愿原则，不得强求游客品尝风味餐。

（4）安排风味餐与旅行社订餐发生冲突时，在征得全体游客同意的前提下，请示旅行社计调部门能否更改订餐，若未得到批准，不得强行安排。

（5）实事求是地向游客预报要产生的餐费或其他可能产生的费用，严禁欺诈、欺骗游客。

（6）尽量在旅游定点餐厅安排风味餐，提醒游客最好不要到非旅游定点餐厅用餐。

（7）注意饮食卫生，严防不洁饮食和食物中毒。

案例思考

游客品尝风味餐时，导游员有必要陪同前往吗？

2–10 一定要看“二人转”

案例介绍

从广州远道而来参加沈阳世博会的董先生及公司的6位同事，在结束了沈阳世博园的展出工作后，报名参加了沈阳青年旅行社组织的沈阳2日游活动。为了树立沈阳的城市形象，沈阳市政府及相关部门为组织和接待好游客做了很多方面的改善，使董先生一行非常满意。地陪小董在车上还教广州来的游客讲东北话，使旅游车上一直充满欢声笑语。第一天晚餐过后，董先生问导游员小谭：“听说东北民谚有‘宁舍一顿饭，不舍二人转’的说法，可见这二人转有多‘稀罕人’，以前也听说二人转‘说、学、逗、唱、浪’的魅力，特别是看了赵本山的小品和表演后，感觉东北地方戏还是非常有特色的。你们沈阳有二人转吗？”小谭笑着回答道：“这您可问对了，赵本山建立的‘刘老根大舞台’就在沈阳，如果大家想去看的话，最方便不过了，相信您看了一定不会后悔。不过，今天是周末，大概现在买票有点来不及了。您也许不知道，在‘刘老根大舞台’看演出，尤其是周末，根本买不到票，有时候还得提前预订呢！在世博会期间，一张200元的门票都暴涨到500元了，可见二人转的受欢迎程度了！”

听完小谭对二人转的介绍，大家决定让他帮忙买票，明天晚上去看二人转，后天返程。这时，小谭提醒董先生，“董先生，明天晚上我们行程安排是逛夜景，要取消吗？”董先生在征得大家意见后，告诉小谭明天原定活动取消，只看“刘老根大舞台”。看来，东北的民间艺术是深受游客欢迎的。

第二天晚上，小谭拿着提前订好的门票，带领游客看了一场精彩的二人转演出。演出结束后，董先生说这次来东北，不虚此行！真可谓，“吃好、喝好、玩好、转好”！

案例分析

文娱活动是“旅游六要素”的重要组成部分之一。我国历史悠久，文化底蕴深厚，民族众多，民俗文化浓郁，文娱活动也丰富多彩。文娱活动大多是游客自费的项目，在安排时应注意以下几点：

(1) 事先与领队或全陪协商，征得领队或全陪的支持，统筹安排。

(2) 向游客推介最具价值、最有代表性的文娱活动。

(3) 严格遵循自愿消费原则，若游客不感兴趣，不得强求。

(4) 观看文艺演出前，应向游客作适当介绍，并告知演出时间、地点、形式、价格等情况，演出结束后应帮助游客回顾并回答游客的问讯。

(5) 根据行程计划合理安排文娱活动，避免游客过于疲劳，影响次日的游览活动。

(6) 严禁欺诈游客；严禁带游客参加格调低下的不健康文娱活动。

(7) 随时注意安全，在大型娱乐场所提醒游客不要走散，注意周围的环境和安全出口，以便发生意外事故时能及时带领游客安全撤离。

(8) 必须带游客到文明、合法的文化娱乐场所消费；严禁组织游客到色情娱乐场所消费。

案例思考

如果游客提出到不健康娱乐场所时，导游该如何应对呢？

2-11 遇到“黑”导

案例介绍

游客王先生在故宫里参观时，发现了一个在玻璃窗上写着“王府”二字的商店。王先生正要推门进去，却被门口的一名工作人员拦住。该工作人员很严肃地表示，商店是外宾休息室，不接待中国人。这使一向对事物好奇的王先生萌发了一定要看个究竟的想法。于是，他乘外国游客进屋之机混进了外宾休息室。这时，王先生发现，里边摆满了文房四宝、珐琅玉器及各种工艺品。原来，之所以商店拒绝中国顾客，就是因为这些所谓的“宝物”，都是卖给外国人的，如果真的让中国游客一同进来，相信一定会“破坏”了休息室的购买气氛。王先生仔细一看，一件件纪念品价格简直就是天价。看着连本团游客都认不全的导游员在这里拼命推销，王先生心想：导游真“黑”啊！

案例分析

对于导游员的称谓有许多，如“民间大使”、“城市名片”。而实际上，现如今已经没有多少导游员能真正用心去带领旅游团队了。在我国，导游员的角色已经非常尴尬。据了解，我国的旅游行业在快速发展的同时，部分旅行社以谋求利益的最大化作为发展目标。他们对导游员的要求和标准是：无论你的讲解水平高低，服务是否到位，只要能为企业带来效益就是最好的导游。于是，一拨“黑导”倒下去，又有一拨“黑导”挺上来。导游员们在社会责任与工作任务的双重挤压下，也就出现了变形。

依据我国《导游人员管理条例》的相关规定，导游人员不得以任何方式欺骗消费者。但是，由于市场大环境的破坏和影响，使导游队伍中的“害群之马”屡禁不止。而随着游客对导游员的要求越来越高，对导游员的满意度有所下降，特别是当游客遇到“黑导”及素质确实欠佳的导游员时。因此，要规范这一行业，建议实行“导游退出制度”，严格对持证的专、兼职导游人员进行跟踪管理和监督，不合格的将被列入“黑名单”，并公示于众，还游客一个洁净的旅游环境。

案例思考

“黑导”的泛滥，是旅游市场秩序混乱的结果吗？

2–12 游客“气饱了”

案例介绍

某旅行社全陪导游员随同一组台湾地区游客游览华东5市，在第4天团队抵达杭州后入住黄龙饭店。该店为港方管理的标准挂牌四星级饭店。当晚的晚餐安排在饭店三楼和宴会厅。在前几日的行程中，大家玩得比较高兴，行程也非常顺利，游客们的参观热情也日渐高涨。杭州的地接导游员与全陪按照约定的时间18:00，准时在餐厅等候大家。客人一一落座后，地陪导游员看着客人的桌上已有两道凉菜上齐，酒水及茶水也都为客人斟满了，于是便与客人打招呼，请大家慢用，随后引导领队和全陪到楼上用陪同餐。

来到楼上后，一派繁忙景象。原来，这家饭店正在接待一个大型宴会，几乎所有的工作人员都在忙着布置台面，摆放餐具。陪同餐迟迟没有到位，按正常来讲，游客在用餐时，地陪导游员应在中间巡视几次，但因为等待的原因，使导游员们都忽略了这个问题。过了40分钟后，领队提醒地陪导游员下楼看一下游客的用餐情况。这一看才意识到出了大问题，三桌饭菜除了那两道凉菜外，其他菜一点未动，客人们早已走光了。问服务人员原因，饭店竟然忘记了给团队走菜。游客们多时不见人上菜就回房休息了，大概是被这种服务“气饱了”。

此时，餐厅经理也意识到了问题的严重性，并由饭店副总经理出面，陪着领队和全陪、地陪一一到客人的房间赔礼道歉，并送去了价值 50 元的纪念品。在副总经理的安排下，餐厅以最快的速度重新做了晚餐，并亲自送到了每位客人的房间。副总经理承诺，晚餐的费用全部退还给客人，明天早餐全团在贵宾厅里享用。如果客人还有问题可以随时提出解决。

案例分析

领队、全陪、地陪在这个案例中同时出现，三者同为导游人员，共同的目标就是要为游客提供优质服务，共同的宗旨就是能够给游客提供一次愉快的旅程。在本案例中，导游员们的共同错误是在近 40 分钟的时间里，没有人起身去关照一下游客的用餐情况，致使游客在无人问津的情况下，因被“气饱了”而赌气离开。饭店的管理者在事情发生后能够积极作出反应，及时弥补因服务不到位而造成的严重后果，使游客情绪稳定，这是一个非常重要的关键之举。

导游员一定要记住这个教训。在服务中要注意每一个细节，“细节决定成败”、“100－1＝0”是服务行业中的至理名言，不能因为一时的粗心大意而使完美旅程前功尽弃。

案例思考

在安抚游客情绪过程中，领队（全陪）和地陪谁的说服作用会更强些?

2–13 讲解不规范 武侯祠让导游“闭嘴”

案例介绍

2002年4月，成都武侯祠博物馆的一纸通知，引发了导游“闭嘴”之争。提及事情的起因，武侯祠方面认为，作为博大精深的三国文化的代表，武侯祠有义务为游客提供专业化的讲解，避免大量导游员由于知识结构的限制“讲不好武侯祠”。在旅游行业内，的确存在着一些导游员不懂装懂、滥竽充数的现象。该景点通过长期的观察，才有了请导游员“闭嘴”这一动意。

此事公之于众后，一些旅行社认为：“武侯祠的做法严重挫伤了导游员的自信和自尊。导游人员资格由国家认证，作为一个景点无权要求导游员闭嘴。专业人员的讲解固然专业、准确，但游客能否接受，绝不仅是个知识掌握的问题，还应该考虑游客工作背景、文化层次的差异。深入浅出，用生动活泼的语言传习文化，营造轻松愉快的游览氛围，才是最重要的。即使说导游员讲不好，武侯祠也有义务提供培训，提高导游业务水平，岂能各行其是，搞行业垄断。”

另外，按照导游员带团规定，带团期间，导游员不得擅自离开团队，但武侯祠却劝请领队、导游在接待室休息，由馆内讲解员带团参观。这样做带来的一个突出问题是：如果在导游员离岗这段时间里游客出现问题，责任由谁承担？

问题被提出来以后，许多业内人士都在讨论，这是旅游行为的一种进步，还是一种后退？说其进步，是因为景点能真正从游客的切身利益去考虑，本着对游客负责的精神进行景区管理的改革，这是件好事。从另一角度来看，让导游员失去“讲解”的权利，而成为单一的“服务员”，是不是对所有带团来此的导游员的一种否定呢？

案例分析

我国导游人员的岗位职责要求：导游人员应负责为旅游者导游、讲解，介绍中国文化和旅游资源。在本案例中，成都武侯祠博物馆却将导游员的讲解权利禁锢起来，究其原因，是因为目前社会上存在着许多导游员随心所欲地讲解，造成措辞不当，漏洞百出，严重损害了导游人员的形象。谈到武侯祠博物馆的做法，其实也可谓是“用心良苦”，为了保证中国悠久的历史文化不被歪曲，从客观和公正的角度予以诠释。武侯祠博物馆敢于打破传统，实行新制，也为规范博物馆讲解打下了良好的基础。虽然，博物馆的这一做法，“剥夺”了旅行社的利益及一些导游人员的讲解权，但是，这种做法也在警示着导游员，要加强自身素质的提高和修养。对语言和讲解进行规范，符合导游人员对讲解能力的要求。

我国导游人员按导游业务范围和工作区域，可分为海外领队、全程陪同、地方陪同、定点（景区）导游四类。其中景区导游人员的活动区域局限性比较强，走同样线路说同样的话，这就对他们的工作提出了更高的要求。我国类似武侯祠博物馆的景区还有很多，希望这里的导游员“闭嘴”之争只是一个开始，而在此压力之下，导游员应不断加强自身文化素质及综合能力的培养，以使这一现象也到此结束。

案例思考

定点（景区）导游人员的讲解能力真的强于地陪导游员吗？你如何认识这个问题？

2–14 携夫出游的全陪

案例介绍

刚刚新婚不久的导游员小夏到北京带团，于是，她计划着让自己的丈夫以游客的身份到旅行社报名。这样小夫妻俩就可以一同到北京游玩了，同时，自己以全陪的身份出现还可以省掉一部分开销。打好如意算盘的小夏，将一切手续办好之后，并没有向旅行社讲清情况,就和自己的丈夫随旅游团踏上了开往北京的火车。新婚的甜蜜，让许多团友感觉到了全陪和这位男游客的特殊关系。在游览故宫博物院时，一位游客因没有跟着地陪走，逐渐与团队走散，另一游客发现后,马上告知全陪小夏,刚开始小夏和丈夫还是走走停停。后来，小夏只顾与丈夫游玩，未予理睬。集合时间到了，仍未见那位走散的游客的踪影。而小夏在神武门出口等了片刻，也未采取任何补救措施，即与丈夫一起跟团队到下一景点游览了。直到吃晚饭时，在其他游客的催促下才打电话回饭店查询，但是全陪却没有记清这位游客的房间号码,而未能联络上。游客走失后在警察帮助下回到饭店,因一直未能与团队联络上，这位客人损失了一天的游览，少了两顿正餐。在随后的行程中，全陪小夏在分配火车铺位等问题上又多次与客人发生争执，客人愈加不满，指责她不负责任。回到旅行社后，旅行社得知了此行中所出现的问题后，作出以下决定：小夏向客人书面道歉，双倍退还走失游客一天的导游服务费，并退还少游的景点门票及两顿正餐费用，共计 108 元。

案例分析

很明显，小夏“假公济私”，为了和自己的丈夫多一些共处的时间，将亲属安排在旅游团中的情况，并未向旅行社报告，属于违规行为。此行为不仅使游客在旅游活动过程中未能得到公平的待遇，又间接导致一位游客走失。另外，在游客走失后，小夏不是积极、努力地弥补过失，采取恰当、可行的补救和寻找措施，反而和其他游客继续参观、游览。当其他游客催促时，作为一名全程陪同导游人员，小夏连游客所住的房间号码也记不清楚，再次印证了小夏在工作中的失职。

因此，旅行社对小夏的处罚是合情合理的。小夏应该为她的失职而承担相应的责任。我国导游服务规范——全陪导游员工作内容中明确指出：游览活动过程中，全陪要认真观察周围的环境，密切注意旅游者的动向，避免旅游者走失和发生意外。目前，我国的导游人员队伍在日益壮大，年轻人已成为这一行业的生力军。许多导游人员都可能会像本例中的导游员小夏一样有着同样的想法。从原则上讲，这种做法是不可取的。这不仅仅对导游员的工作不利，同时，也容易让游客产生一种误会。因而，处理好旅游活动中个人利益与集体利益的关系，按照接团要求和规范来带团，是游客满意的前提和保障。

案例思考

如果导游人员让自己的亲属同团旅游并尽量掩饰，在游客没有意见的前提下，这种行为允许吗？

2-15 赴港旅游被骗 导游卷款私逃

案例介绍

不带港澳通行证或护照，仅花费70元人民币，内地游客就可赴香港玩一天吗？2006年7月30日，两名内地游客发现导游员离奇失踪后，才发现上了“野马旅行社”（黑旅行社代名词）的当，所谓的4000元“旅游押金”也被“野马导游”（黑导游代名词）卷款私逃。

受骗者余小姐、吕小姐系陕西咸阳人，来深圳是为参加大型品牌服装展览会。据余小姐介绍，26日下午3:00多，她俩在世界之窗门口等朋友时，遇到一名30来岁的男子上前搭讪，该男子自称是华侨城中国旅行社的工作人员，边发旅游宣传单边推荐去香港旅游方案。起初，因没带护照和港澳通行证，余小姐、吕小姐两人认为没法成行，但该男子表示，可以办理异地户口去香港旅游，标准团每人每天70元，豪华团每人每天100元，但必须由深圳集体过关，可以参观海洋公园、迪斯尼乐园等处，不过门票要游客自己出。余小姐说：听完该男子的推销后，她们动心了，由于展览没完，就没有立即答应。这名男子倒很胸有成竹地说，天天出团，有需要就打电话，留下联系方式后就走了。7月28日，余小姐和吕小姐办完公事后，便打电话联系这位男子，双方商量后，由这名男子派导游员到她们住的地方接人。29日晨7:40，有人自称导游员致电吕小姐，说是“车已经到桃源村了，快下来带你们到联合广场转车去香港”。

她们出门后就上了车，当时，车上有一名司机和一个导游员，之后，导游员又接了一名男游客上车。在车上，导游员和她们签订了合同。她们见合同上有公章，便没有怀疑。之后，导游员又让她们交了3800元押金，并答应返回深圳后退款。余小姐说，交完押金后，她俩身上就没有多少现金了，到达联合广场后，导游员让她们下车在柜员机取款，并表示“再接两个游客就回来一起过关”，导游员还细心地说“到香港帮你们换港币”。随后，她们下车取钱，但是，导游员和车辆再也没有出现。她们致电导游员和拉客的男子，均无人接听电话。余小姐和吕小姐说，这时，她们才发现被骗了，于是赶紧打电话报警。

案例分析

在一些旅游热点城市，“野马导游”的身影随处可见，这些人没有经过国家旅游行政管理部门的严格培训和考试，是导游市场中存在的不容忽视的“害群之马”。这些“野马导游”给旅游业形象造成了极坏的不良影响。在一些游览胜地，导游员讲解脱离史实，甚至在车上讲一些低俗的笑话用来“活跃气氛”。而如上述案例中欺骗消费者的欺诈行为也屡见不鲜。本案例中的余小姐、吕小姐，其实是相信了“野马旅行社”的宣传，许多黑旅行社用正规旅行社的名义招徕生意，就是冒名欺骗内地游客，冒充正规旅行社发卡片拉客骗钱，公章是假的，就连留给游客的地址也是假的。经常出门在外的人应该知道，假如内地居民没有护照或港澳通行证，是没有办法通关到香港旅游的。因而，要想彻底杜绝“野马导游”，首先，每位游客应加强自我防范意识，不要图小便宜，其次，应到正规旅行社报名参团。

导游管理规范化是解决目前旅游业中存在的许多问题的关键环节。导游IC卡不仅是识别非法无证“黑导”的标志，也是对导游队伍的有效管理手段。目前，全国有许多城市正在加大整治力度。如，南京将建立导游退出机制，并公示导游“黑名单”，不仅要加强对无证、假证“黑导”的查处力度，同时对持证的专、兼职导游员也要进行跟踪管理和监督，不合格的将被列入“黑名单”，并公布于众。相信在旅游行政管理机关和全体旅游者的共同监督之下，导游市场会一步步走向规范，今后，“野马导游”将再无栖息之地。

案例思考

“野马导游”为什么会有其生存的空间，是何原因导致了这一丑恶现象？

2-16 风俗禁忌

案例介绍

在东南亚国家中，泰国可以说是最富特色的旅游胜地。不论景物、文化或风俗，均别具一格，而且带有非常浓厚的佛教色彩。陈先生是位旅游爱好者，他在某国际旅行社报了名，并参加了新马泰三国 7 日游。由于该旅行社组团人数不足，在征得陈先生和其他游客同意的前提下，将其他两家旅行社的 10 名游客也凑集在了同一个旅游团，直到出发前一天，领队是哪一位还不清楚，直至到达飞机场时，领队宋 × 才出现在游客面前。

宋 × 和大家简单认识了一下后，便帮助大家办理登机手续，一路上行程安排得比较合理，陈先生一行游客非常满意。在第5天，旅游团到达了陈先生最向往的美丽城市曼谷。奔流的湄南河，像一条闪光的缎带，系在曼谷市的腰际，把城市分为两半。地接导游员按照接团计划，第一站就带游客去了泰国最有名的“护国寺”——玉佛寺参观。当所有游客正准备进寺参观时，陈先生被地接导游员挡在了门外，一问才知道，原来在泰国参观寺院时必须要穿着整齐，而陈先生只穿了休闲短裤和露肩背心。情急之下，陈先生只能去寺院旁的服装店花高价买了一身新衣服。在试穿时，店家的小儿子正在摇篮里玩耍，陈先生本能地用手摸了一下小宝宝的头却惊怒了店主。店主将陈先生赶出了商店，并用泰语说了一大串的话，陈先生虽不懂泰语，却感觉这些话一定是在诅咒自己。丈二和尚摸不着头脑的陈先生衣服没买成，自然也就无法进入寺院参观。

在门口等待的时候，陈先生和司机师傅聊天，想了解一下自己到底犯了泰国人什么样的忌讳。司机师傅用不太流利的汉语告诉陈先生：“在泰国人的观念中，头部是全身的精灵之地，不可以随便触摸。家长们认为自己家里孩子的头上是有佛光的，如果被别人抚摸，佛光就不见了。只有国王、父母和僧侣才能摸小孩子的头，即使在理发的时候，也要先说一声‘对不起’。”听完了司机的解释，陈先生对自己刚才的无知感到非常抱歉。

可此时的陈先生心里还在想着一件事，就是要向主管部门投诉旅行社和领队，为什么不在出国前将这些禁忌提前告知游客呢？越想越生气的陈先生拿起电话打到了国内。

案例分析

作为出境旅游团，在出发或入境异国（地区）之前，旅行社必须要为旅游团指定专业的领队，并召开行前说明会。领队在说明会上应将此行可能出现的或异国的一些情况向游客进行简单的介绍，可以使大家未雨绸缪，避免因不懂风俗习惯而触犯禁忌。

在本案例中，旅行社由于领队人选迟迟未定，致使没有召开行前说明会，陈先生在国外因不懂习俗而未能进入玉佛寺参观，归因在于行前工作落实不细所致，领队在新加坡和马来西亚几天的行程中，完全可以对下站泰国游进行注意事项的提醒，但是，宋 × 并没有这样做，因其忽视了一个非常重要的环节，而引发了陈先生的不满。

俗话说："入乡随俗，入国问禁"。导游人员作为旅行社的代表，有责任、有义务对旅游地的法规、风俗和禁忌进行讲解，遇到要点一定要反复强调，必要时也可以适当引用典型事例，以起到警示作用。因为这不仅关系到责任问题，而且一旦出了事，对整个旅游团和整个旅游活动都会产生很大的负面影响。因而，导游服务一定要严格按照程序进行，以保证游客顺利完成行程计划。

案例思考

对于没有出境带团经验的新领队，如何掌握出境注意事项？

2–17 网络高手的致富路

案例介绍

家住丽江的郑 × 初中毕业后一直在家里无事可做，每天沉迷于网络世界。为了找到一个相对稳定的生存空间，郑 × 在网站上建立了一个以"一米阳光"为网名的个人网站。也许是因很多在网上冲浪的旅游爱好者，对在丽江边拍摄的爱情题材电视剧《一米阳光》印象深刻的缘故，网站的点击率相当高。郑 × 也借机在网站上以“一米阳光”旅行社经理的身份开始招徕游客。丽江小城的魅力及郑 × 的网络宣传还真让游客源源不断地纷至沓来，而且都随着郑 × 去参观。

郑 × 以私人导游陪同的身份担任讲解员、计调员、行李员，一人身兼数职，一年下来收入颇丰。不料，在一次旅游行业检查中，郑 × 却受到了处罚。他的“一米阳光”也失去了光彩。

案例分析

按照我国《旅行社管理条例》第二条规定：“未取得‘旅行社业务经营许可证’的，不得从事旅游业务。”对违反规定的经营者，由旅游行政管理部门责令停止非法经营，没收非法所得，并处人民币 1 万元以上 5 万元以下的罚款。郑 × 虽然是在网络的虚拟空间上设立了一个旅行社，但是他已经进行了旅行社业务的实际操作，从事旅游接待活动，同样违反了上述规定。

郑 × 利用自己之所长，在网络上进行丽江的宣传，吸引游客到这里观光和游览，这本无可厚非，但是他本人并没有取得任何旅游从业资格，却身兼数职从事旅游业，不仅违反了《全国导游人员管理条例》的规定，也损害了游客的利益。

不过，一个虚拟的网络空间，能够吸引众多游客前来参观，能够改变一个无业青年的生活环境和经济状况，这在某种程度上也深刻地反映了游客的某种需求正从传统的平面媒体、视觉媒体，向新的领域过渡，这种现象值得业内人士思考。

案例思考

郑 × 的宣传方式值得借鉴吗？

2-18 交换佛像

案例介绍

2003年“非典”过后，旅游市场在国家和全体旅游从业人员的共同努力下，逐渐地走上正轨。小李接到的首个台湾地区旅游团却有些特别。据计调人员讲，这个旅游团是个宗教旅游团体，在本市的行程里没有景点，除了正常的餐食和住宿外，最重要的是到佛教寺院去“交换佛像”。

一听到“交换佛像”，小李感觉这个团有些特别。旅游团刚从机场走出来的时候，台湾游客的礼貌和谦虚让小李的心里有了底，看来佛教团体和普通的台湾团队也没有太大的差别。旅游车上的讲解和服务获得了客人的好评，按照旅行社的安排，小李将游客带到了提前约定好的寺院里。寺院的住持和僧众出门迎接。台湾的一位客人从车子上将提前准备好的一尊佛像恭敬地请下车，放置到了寺院的大雄宝殿上，一切进行得非常顺利。临行前，旅游团中的一位大师将5000元香火钱留了下来。这使小李充分体会到了这些游客们对佛教信仰的执著和虔诚。

案例分析

宗教旅游团与宗教团体有所不同。这种类型的游客在行程中对饮食上没有特殊的要求，在初一、十五这样特殊的日子里，部分客人会提前通知导游人员准备素食。在接待这些游客时，导游人员要与领队、全陪和团内的关键人物一起，认真协商组织活动的注意事项，了解每个工作上的细节。如有交流活动，导游员要做好协调和配合工作，但如遇有特殊要求的情况，则属于旅游团的自发行为。这就要求导游人员与宗教活动场所具体联系、落实。此时，导游人员就充当了整个旅游活动的导演和调度员，活动能否顺利进行，很大程度上取决于导游人员的工作能力和工作效率。

对以下细节，导游人员须特别注意：

（1）提高政策意识，加强请示汇报。要向游客讲清我国的宗教政策是自治、自养、自传。

（2）认真落实有关活动日程。导游员要认真按照合同和行程安排落实每项活动，并积极与团队负责人及时沟通。

（3）要尊重宗教习惯。尊重宗教习惯体现在饮食、交往和讲解等方面。

案例思考

请自我检查对宗教知识的掌握情况。

2–19　导游您贵姓

案例介绍

早就听说凤凰县城是一座四面青山环抱、风景秀丽、充满浓郁湘西文化特色的山城。小曾借公司休假的机会，在一个阳光明媚的日子里邀好友一起赴凤凰城旅游。他们来到凤凰城后，找到一家旅行社报了名，约定上午 10:00 由导游员进行讲解。时间一到，小曾发现已有 20 位左右的散客在大厅里集合，等待着导游员的到来。

“各位团友，请到这边集合。”清脆的声音传来后，大家意识到导游员来了。上了旅游公司准备的汽车后，导游员用当地的湘西方言向各位游客问好，并让大家猜猜是什么意思。一会儿工夫，车厢里互不相识的人们在导游员的带动下熟识了起来。她还用不太标准的普通话向大家介绍了美丽的凤凰城。

一天的行程结束后，小曾和其他游客对导游员的服务非常满意，临走时还和她一起拍照。这时，小曾突然意识到，不清楚导游员叫什么，于是问道：“导游您贵姓？”这句话倒是提醒了导游员，她非常不好意思地说：“上午忘记介绍自己了，没说欢迎词，还请大家见谅。”导游员留下了地址，也将凤凰城的美丽留在了旅游团游客的心中，不过可以肯定的是，当人们在回忆美丽的凤凰城时，只会想到导游的样子和声音，而她到底是谁，也许只有小曾知道。

案例分析

在旅游活动开始后，导游人员为每位游客提供导游讲解，服务也就算正式开始了。素不相识的人们在第一次见面时，导游人员精彩的开场白往往会给大家留下难以抹去的记忆。在本案例中，导游员以自己的方式使车上的游客迅速地融合在一起，营造了和谐的气氛，拉近了大家的距离。尽管，她的导游服务是在一片称赞声中结束的，但非常遗憾的是，她没有向游客致欢迎词。这一点，不符合导游人员带团的基本程序。

欢迎词的内容应包括：

(1) 代表所在旅行社及本人、司机对大家的到来表示欢迎。

(2) 介绍自己及司机。

(3) 介绍行程安排及注意事项。

(4) 表明服务态度。

(5) 预祝大家旅途愉快。

实际上，对于旅游团而言，欢迎词应尽量做到因团而宜，有所差别。导游人员应形成自己特有的风格，给各地的游客一种耳目一新的感觉。刚刚加入导游服务行列的导游员，应该将严格遵守旅游接待程序作为一条工作准则，只有养成良好的习惯，才会更有利于今后的工作。

案例思考

请自拟一篇有特色的欢迎词。

2-20 机灵的地陪

案例介绍

一旅游团乘自备车到开封观光，由于高速公路上进行道路维修，致使所有的车辆在单侧车道上行驶，原本3个半小时的车程延长到了5个小时，游客的午餐时间，也由中午12:00推迟到了下午2:00。此时，在旅游车上全陪用手机不断地和地陪导游员进行联络。按正常的行程安排，旅游团下午还有两个景点要走，旅游车到达开封近下午2:00，午饭后就得3:00左右。这两个景点，不知道能否来得及游览。地陪导游员这时更是心急，如果行程走不完，定会引起客人的不满，也无法向旅行社交代。午餐地点离高速出口虽然很近，可离景点却非常远。考虑过后，导游员翻开自己随身携带的笔记本，迅速地查找到了午餐和晚餐用餐饭店的电话，希望饭店能够考虑到这个旅游团的特殊情况，同意将午餐改为晚餐，晚餐改为午餐。在饭店方的支持下，导游员顺利地变更了计划用餐地点和时间，为下午能在有限的时间内完成行程打下了良好的基础。

午餐后，正如预想的一样，3:00才从饭店出发，地陪导游员在旅游车上将真实情况讲给各位游客，强调了第一个景点的集合时间为4:00。为了使大家感觉不虚此行，她尽量将第一个景点里因时间关系不能看到的内容，在旅游车上向游客进行了铺垫式的讲解，游客非常满意。下午4:00大家如约登上了旅游车，开往下一个景点。这里的冬天，天黑得特别早，几乎所有的单位都是4:30下班，旅游景区也不例外。不过景区也有特殊性，只要能在4:30前买票进门，游客就可以正常参观，并且不受时间影响。此时重要的任务落在了司机的身上，游客全都变成了拉拉队，每每遇到绿灯时，大家都一起欢呼，在地接导游员的正确引导和司机熟练的驾驶配合下，终于在4:25，游客们进入了景点。这真是一次令人难忘的旅程啊！

案例分析

在这次被称为令人难忘的旅程中，地陪导游员的“随机应变”，是旅游活动顺利进行的关键环节。首先，地陪能够认真分析此团的行程，对时间进行了合理调控。发现用餐时间可能会影响景点参观后，她马上与两家用餐饭店取得联系，使原本不能随意变更的团餐，经过积极争取，在饭店的帮助下使变更成为可能。但是，自始至终，地陪导游员并没有将用餐的变更通知旅行社，这一点是不妥当的。其次，地陪导游的良好习惯也在关键时刻帮助了她，随身携带的记事本里，写满了与带团相关的联系电话及联络人，又为导游节约了时间，免去了查询的麻烦。其三，在旅游车上，导游员能将因参观时间短而造成的景点参观不能面面俱到的真实情况告知游客，使游客能够了解，并且认可了这种做法。其四，导游员在旅游车上对景区内容的讲解让游客再次加深了对导游的印象。

由此可见，一个“机灵”的导游员，不仅可以受到游客的夸奖，同时，也是对自己导游生涯的历练。

案例思考

在本案中，当游客在旅游车上为司机加油助威时，导游员应如何控制车上的局面？

2–21 送你“平安”和“吉利”

案例介绍

春节外出旅游买个花瓶图个平安和吉利本是件好事，可到海南旅游的孙先生一家却遭遇了精明商家的“连环套”。

孙先生跟随旅游团外出购物时，相中了一个样式不错的花瓶，标价 200 元。最后经过讨价还价，孙先生以 60 元的价格购得了这件心爱之物。正当孙先生为此沾沾自喜的时候，地接导游员说道：“先生买了个这么漂亮的花瓶，怎么也得配个瓶托呀，再说了，您也得把这份平安托稳了呀。”孙先生一琢磨，还是导游小姐的话说得有道理,“行,就听你的,再来个托,帮我挑个漂亮的,得配得上我这瓶啊。”这边瓶托还没挑选完，一个售货员小姐凑了过来，“先生，您买了个这么漂亮的花瓶，又配上了瓶托，按我们当地人的习俗，有好瓶就得有好盒子装，这叫把平安装起来，然后把花瓶带回家，所有的平安就都装在里面了，多吉利呀。”听售货员小姐这么一说，孙先生心里又犯起了痒痒,“话说得也对,反正都买了,还不如一气买全了吧。”抱着“上当就一回”的心理，孙先生接受了导游员和售货员的建议。花瓶配好了瓶托，装进了漂亮的盒子，上下一打量，确实增色不少。然而一到收银台结账，孙先生傻眼了，一共300多块钱，自己砍了半天价等于白砍不说，还得搭进去100多元。抱着这个高价花瓶，看着导游员和售货员小姐的张张笑脸，孙先生说他真是有苦难言啊。

案例分析

购物，是旅游团的一项重要活动。游客每到一地，都想购买一些具有地域特色的纪念品及当地的土特产品。而要想买到称心如意的产品，导游员自然就成了游客最直接的咨询对象。因此，导游人员的诚信非常重要。

一般来讲，导游员在旅游者购物中有三方面的作用：

(1) 主导作用。游客购物前，一般是通过导游员将当地的旅游纪念品介绍给他们，以加深对购买商品的购买欲望。

(2) 参谋作用。许多游客非常信任导游员，认为他们是行家，产品的好坏，导游人员在当地，情况熟悉，具有一定鉴别能力。

(3) 维权作用。导游员应当带旅游团游客到定点商店中购买产品，同时要保障游客购买到货真价实的产品，不能以次充好。

本案例中，导游员和购物商店的销售员一唱一和，用“吉祥话”将游客60元的花瓶包装一番后，以300多元的价格卖出，可谓“用心良苦”啊!

案例思考

导游员如何正确对待旅游购物？

2-22 春秋国旅导游员获好评

案例介绍

2003年10月旅游黄金周到来之前，在上海春秋国旅的办公会议上，一项新的旅游计划应运而生了。它就是全程无购物的“纯玩团”。在以往的带团旅游过程中，许多导游员被购物的重任压得喘不过气来，春秋国旅此项业务的开展，不仅是从游客切身利益考虑，也为规范旅游市场尽了一份力。

新的业务一推向市场，受到了广大旅游爱好者的普遍欢迎，参团游客络绎不绝。一些游客说：“价格高一些没关系，只要能吃得好、住得好、玩得好、没购物比什么都强。如果遇上个黑店，多少钱不就白花了！”为了将售后的跟踪服务做好，春秋国旅为每位游客发了一张旅游者意见回执单，希望大家将整个旅程中对全陪导游人员的印象及其服务是否规范、是否符合要求进行反馈。在收到的几百份有效回执中，游客用他们的真实体会，写下了这样的话：

例1：

导游人员服务态度热情，工作周到、细心，每次用餐检查菜肴数量和质量，直到所有客人都开始用餐了，自己才吃饭。早起晚睡。

带团规范，始终贯彻纯玩团不购物的宗旨，始终举旗佩证，途中唱闽南歌、讲故事，气氛相当活跃，笑声不断，导游知识面广，各地历史、典故介绍生动。不停讲解，劝其休息也不肯，精神感人。我们全体游客认为春秋国旅有这样的旅游产品、有这样的导游队伍，令人信服。

例 2：

本次旅程，导游、司机的服务深受游客好评。他们配合相当默契，服务主动、到位，质量高。导游带团有经验，思路清楚，时间安排紧凑、合理、恰到好处，即使在“十一”旅游旺季也能游刃有余。团队气氛宽松、活跃，讲解有吸引力，内容广，知识含量高，语言生动、幽默。游览用车非常舒适，司机开车又快、又稳，用餐和住宿安排规格也较高。游客说：“下次出游还会再选择纯玩团！有缘的话，也还想再接受春秋国旅的服务。”

例 3：

导游员态度含蓄、亲切，视游客为亲友，一路上帮助游客抱小孩，照顾好游客安全，用餐、住宿安排等问题想方设法满足游客的要求，游客很满意。由于导游员的诚信充分得到了游客的认可，游客把第二景点门票钱和自费游览的钱，全交给了导游员，让他充当参谋去买票，既方便游客又节约时间，更体现了纯玩团的高质量。整个游程导游员举旗佩证，态度好，工作认真、踏实，服务诚信，沿途介绍各景点内容丰富，表达生动。为了增加“纯玩团”热情洋溢的气氛，导游员讲故事、讲笑话，途中经过的地方充满了欢声笑语，充分体现了游览、游玩、游乐、休闲的纯玩宗旨，给游客留下了终身难忘的印象。

案例分析

“纯玩团”的出现，其“革命”性的意义，在于扭转了旅游和购物本末倒置的不正常局面，还旅游之本来面目，还游客和导游员之本来面目。“纯玩团”把定点购物等非旅游行为剔除出行程表，导游员没有了诱导游客购物的心理压力，可以从容不迫地“指点江山，激扬文字”，方方面面为游客服好务，而把“拉动内需”的购物主动权还给了游客。游客纵然在旅游地买到贵的东西，也不会归罪于旅行社和导游员，使旅游服务质量有了保障。

除以上因素的影响外，旅行社对导游人员的管理和培训工作也非常重要，所以，全陪导游人员是须经过严格的筛选才能进行全程导游服务的。在旅游服务行业，一些旅行社认为，对导游人员的二次培训是精力和财力的一种损耗，一般不予重视。这恰恰是使旅游活动进行过程中，因导游服务不规范及细节上不到位，造成旅游意外事故产生的原因之一。可见，要使市场向健康、有序的方向发展过渡，就必须加强多方面的管理与协作。

案例思考

导游人员的二次培训，对导游服务质量的提高具有什么样的作用？

2–23 “多嘴”的司机

案例介绍

成都导游员小华所在的旅行社接待了一组会议团。客人是来自全国各地的优秀教师代表，因团队比较特殊，对导游员的素质要求较高。小华被领导安排在头一辆旅游车上，其他三辆车跟在后面。开车的师傅是个45岁左右的大叔。小华按程序在旅游车上刚致完欢迎词，被恭维的司机师傅为了表示热情，扬起脖子，高声对后面的客人喊：我开车快30年了，没出过什么事，安全得很。小华觉得这位师傅是个性格外向型的人，并没有多想。一路行走，美景尽收眼底，小华正在讲解中，忽听司机师傅一边拍着大腿一边骂着旁边超车的车辆。小华好声劝了两句无果，客人哄堂大笑起来。

客人的笑声，一下子打开了司机师傅的话匣子。他从儿女讲到老伴，从旅行社讲到社会主义新生活，就像是一个专题片。小华非常着急，举起话筒打算把话题扯回来，可是，司机师傅却越讲越起劲，有的客人还说听不清，让导游将话筒递给司机。车厢里还有客人提问的，场面好不热闹，弄得小华一时真是没了主意。眼看要下高速了，小华提醒司机注意路口，但没想到大叔一脚油门冲了过去，还回头问小华："你们去北出口还是南出口？"小华当时就"晕"了，上车时特意和他核对过行程啊。这会儿，司机所有的兴头都放在了聊天上，连去哪儿都不知道了，后面4辆车也全部跟着走错。司机大叔好像也知道自己有些过火了，不过他担心的是，旅游车上的GPS定位系统具有监控功能，目的是核算汽车所行驶的公里数。这一南一北两个出口差出15公里，而且4辆旅游车的油耗损失，恐怕都要由这位司机来承担了。

案例分析

导游人员与旅游车司机的合作十分重要。司机的人生阅历和带团经验非常丰富，有人曾经比喻：好司机就如一本旅游百科全书。这句话，许多当过导游员的人都有同感，如果把导游比为"游人之师"，那么，旅游车司机就是"导游之师"。有些司机和导游员相处融洽后，会将自己对旅游服务和带团的技巧告诉导游员，以使导游人员从他们多年总结出来的经验中获益。

在这个案例中，司机几乎完全忘记了自己的本职工作，在旅游车上当起了导游，虽然游客们并没有什么意见，但是，导游员还是应该提醒司机“安全驾驶”。对于旅游活动而言，游客的安全大于一切。导游员由于碍于情面，不愿在游客面前打断司机是可以理解的，但却可以走到游客中间，去做游客的工作，请大家让司机专心开车。此案例中的情节，只是导游人员与司机合作中常见问题的一个侧面。若使整个旅游行程真正平安无事，导游员应该做到以下几点：

(1) 如果接待外国旅游者，在旅游车到达景点，导游人员用外语向旅游者宣布集合时间、地点的同时，一定不要忘记用中文告诉司机。

(2) 旅游线路有变化时，导游人员应提前告诉司机。

(3) 导游人员要协助司机做好安全行车工作。如帮助司机更换轮胎或进行小修理，保持车内清洁卫生，在行车途中不与司机闲聊。

(4) 与司机商定日程，征求司机的意见。

(5) 要尊重司机，但对于极少数行为不端、违背职业道德的司机，也不能过分迁就。

案例思考

假设是你遇到本案例中的情节，会如何处理与司机师傅的关系？

2-24 大型旅游团队的接待

案例介绍

“韩国中学生赴中国修学旅游团”从2005年开始，每年都会选择中国不同城市的重点中学进行交流合作。2007年的合作伙伴选在了吉林省东北师范大学附属中学。从韩国各所中学报名前来的160名同学，在组织方的安排下和中国的同学们一起交流学习心得、开联谊会、参观校园，活动非常成功。在最后几天，主办方组织韩国中学生参观市内著名景点，由于人数众多，接待任务委托给了中国青年旅行社。地接中心的孙经理派出了4名优秀韩语导游员负责该旅游团的接待工作，并要求他们最好做到行动统一、标准一致。在大家的共同努力下，旅游团顺利结束了市区的参观。韩国的同学们对吉林省留下美好的回忆，在晚餐安排上，主办方还把韩国同学带到高丽乡村（韩国料理）特色店内，让他们品尝多日未吃的地道家乡菜，同学们高兴极了。由此，使他们的中国修学旅游画上了圆满的句号。

案例分析

大型旅游团，是指在旅游者人数上超过百人，接待车辆超过3辆以上的旅游团队。这类旅游团人数多、行程安排紧张、从众心理明显。因此，在组织和接待过程中，很难步调一致。

导游员在接待这种大型旅游团队时，应该做好以下几方面的工作：

(1) 准备充分，落实稳当。如，统一标志、统一导游旗、统一车窗小组编号牌及餐桌标签等。

(2) 统一指挥，分工明确，多方协作。如，大型旅游团去往火车站或机场时，导游员要事先与铁路或民航进行沟通，最好可以开通绿色通道，以保证旅游者共同进出。

(3) 加强地陪导游员与领队和全陪的合作，多方征求意见。

(4) 做好行李清点和运输工作。由于大型旅游团队的行李较多，导游员一定要与行李车做好协调和沟通工作。如，第二天一早出发，行李必须在前一天晚上整理好，交给行李员，以免因时间紧而使行李无法随团的现象出现。

案例思考

试分析大型旅游团游客的从众心理。

第3章

妙用言辞　事半功倍

人们常说："天下美不美，全凭导游一张嘴。"这句话，不仅道出了导游人员语言的重要性，同时也说明了在许多人眼里，导游人员的语言是最重要的一种沟通方式。导游员的语言，不仅包括口头语言、书面语言、态势语言还有副语言。

语言，是导游人员最重要的基本功之一。通过讲解，使眼前静态的雕像栩栩如生，从而让游客留下难以忘怀的印象。因此，语言技能的提高，是导游员提高服务质量的关键。优秀导游员的语言才能往往具有多方面的适应性，导游语言艺术风格可以分为以下三种类型：

（1）语言明快，热情奔放。

（2）幽默诙谐，妙趣横生。

（3）平实质朴，稳健沉静。

作为一种口头语言，导游语言有"快、急、难、杂"的特点，往往没有时间字斟句酌。然而，一名优秀的导游人员却能以准确、幽默、优雅的语言，生动形象地进行导游讲解，内容趣味无穷，语调富有情感，速度适中，强弱相宜，高低和谐，转折自然，令人难以忘怀。要成为一名能够进行高水平导游讲解的优秀导游人员，不仅要有坚实的语言功底，还应注意在语言运用中遵循讲解“正确、清楚、生动、灵活”的四原则和“言之有物、言之有礼、言之有情、言之有喻、言之有据、言之有理、言之有趣、言之有神”的八要素。

目前，许多热爱旅游事业的人，通过考试获得了全国导游人员资格证书，但是，一旦从事到这一行业，就面临着旅行社的二次考核。其中，语言能力是最重要的一个环节。良好的语言能力可以有效地处理旅游者的投诉，减少因争吵而为旅行社带来的负面影响，而且可以为旅行社树立良好的口碑、招徕旅游者。所以，加强导游语言能力的培养，有利于旅行社的快速发展。

3-1 幽默的回答

案例介绍

孟老师，是我国较为知名的高级导游之一。他以讲解的幽默、生动见长，获得了很好的评价。

一次，孟老师带着一个日本团去颐和园参观，路经郊外的一条河渠，一群鸭子正在河中嬉戏。这时一位客人突然问道，请问：“鸭子在河里干什么呢？”这句话把孟老师给问住了，心想，难道你不知道鸭子在水里干什么吗？又一想，这客人提出这么“简单”的问题，不回答是不行的。正在犹豫中，他发现，不仅是这位客人在等待答案，几乎所有的客人都在盯着他，等待着回答。孟老师灵机一动说：“鸭子们正在开追悼会呢！”话语一落，许多游客十分不解而又几乎是异口同声、若思若问地发出了“噢”的一声，连一些没太在意的游客也来了兴趣，全神贯注地等待着听他如何自圆其说。孟老师笑着说：“今天晚上大家的晚餐不就是北京烤鸭吗？这里的几只鸭兄弟要成为你们的盘中餐啦，所以它们正在提前为伙伴们开追悼会呢。你们听，那嘎嘎的声音不正是悼词吗？”哄然一片笑声，接着又是一片掌声和赞叹声。

案例分析

本案例中，孟老师巧妙的回答，让所有的客人为之一振。这是导游人员综合素质强，尤其是语言素质能力好的最佳表现。目前，许多导游人员在接待旅游团时，讲解内容平淡无奇，念经般的单调、呆板，甚至是生硬，使游客听后索然无味，有时还会产生不耐烦和厌恶的情绪。孟老师的语言生动形象、针对性强，避开了客人的刁难，而且语出惊人，收到了很好的效果。

列宁说："幽默是一种优美的、健康的品质。"讲话幽默风趣是导游语言艺术性的重要体现。它使导游讲解锦上添花，活跃气氛，提高游客的游兴。幽默的导游语言运用得好，自然妙趣横生，但是运用得不妥，就会降低艺术的功效，甚至产生副作用。因此，在运用幽默导游语言时，必须注意以下几个问题：

(1) 不取笑他人。

(2) 注意适合时宜。

(3) 幽默不要反复。

(4) 自己不要笑场。

(5) 杜绝"黄色幽默"和"黑色幽默"。

案例思考

导游员如何使自己的讲解更具幽默感？

3-2 以后再也不"乱"说了

案例分析

2001年香港某公司选派员工到长春市第一制药厂进行项目谈判，

为了使合作更加愉快，药厂特意从旅行社请来小王担任随车导游员，从机场到市区一路进行沿途讲解，主要是想让客人对异地风情有所了解，以促进合作。

小王知道身负重任，不敢怠慢。在整个行程中他所提供的精彩的导游服务让客人们对这个城市留下了深刻印象。当然，旅游活动中车厢内的讲解服务是一种互动，游客听得认真，小王也越讲越卖力。正值此时，在车子前方出现了一台 AUDI 牌轿车，小王灵机一动，对各位游客说："大家初到我们这里，一定要告诉您，我们长春市可是一座'汽车城'。您看，在我们车窗的正前方，就有一辆一汽刚刚下线的 AUDI 牌轿车。这款车在市场上供不应求，买车还得排队呢！"忽然，小王想到前两天刚刚看过一本杂志，介绍香港著名人士李嘉诚先生的次子李泽楷所开的车辆也是 AUDI 牌轿车，于是没多想，他拿起话筒便对车上的客人说："更让我们长春人高兴的是，连李嘉诚先生的次子李泽楷开的车，也是我们长春第一汽车制造厂生产的轿车。"话音刚落，在车子的前排站起一位中年模样的男士，非常客气地对小王说："王导，你前面讲得都非常好，你所说李泽楷开 AUDI 牌轿车我没有异议，但我相信，这车一定不是一汽生产的。"小王听后恍然省悟，但已追悔莫及。是啊，杂志上并没有写他所开的车是长春第一汽车制造厂生产的。于是只好不好意思地向游客们道歉，并在心中暗暗自责，今后再也不能没根据地乱说了。

案例分析

导游讲解应遵循"正确"的原则。导游人员通过讲解向游客传播着文化、风情、民俗及对美的理解，在这个过程中"正确性"起着至关重要的作用。这就要求导游人员所讲的每一句话都要认真推敲，力求准确无误，来不得半点"杜撰"。正如本案例中游客的反应一样，一旦游客怀疑你所讲内容的真实性有问题，甚至会对导游员所讲过的一切都持否定态度。所以，要求导游人员在宣传、讲解过程中，在回答游客的问题时，必须正确无误。言之有据、言之有理的导游语言，不仅可以吸引游客，满足游客的求知欲望，同时，也能使导游人员更受尊重。

导游语言的正确性主要表现在以下三个方面：

(1) 语音、语调、语法及用词造句正确。

(2) 导游讲解的内容要有出处，切忌胡编乱造、张冠李戴。

(3) 引用他人语言要内容完整，恰到好处，准确理解。

案例思考

如何确保导游讲解内容的“正确性”？

3–3　领队此话妥当吗

案例介绍

某旅游团即将离开澳门前，一位游客怀着爱国热情购买了 80 元一只的“澳门回归纪念表”，但到珠海的地摊上一看，一模一样的表只卖 30 元一只（还未讨价还价）。此时该游客内心仿佛受到戏弄和伤害。于是他指着该团领队的鼻子气愤地说：“你们在欺骗游客，看看，相同的表价格却相差 50 元。”“你怎么能这样说话呢？”领队不服气地说：“一瓶可乐在超市里卖 1.80 元，在小商店里却卖 2.50 元，在大饭店里则卖到 10 元，在宾馆咖啡室内更要卖到 30 元，你说商家在欺骗消费者吗？”那位游客望着领队的脸久久说不出一句话。旅行结束后，该游客写信给旅行社，要求退还他所购纪念表的钱款。同时又批评领队的话说得不妥，他是在为欺骗游客找借口。

案例分析

在本案例中，从单一层面来分析此事，领队那番话并无不妥，而且也没错误。问题是该领队在当时那种氛围中，带有顶撞和冲动的态度，就显得不妥当了，容易给人一种故意冲撞的感觉，使游客的内心不舒服。于是，只因这句话，不仅前面所有的服务和尽心尽力都被一笔勾销，而且完全丧失了游客对导游员的依赖和信任。

可见，导游语言从某种角度来看，也是一个人思想道德水平和处事风格的体现。"言乃心之声"，不合时宜的语言会伤害游客的自尊，也损害了导游员自身的形象。所以，把话说到"位"，说到"关键"处，使游客满意，并能够欣然接受也是一门艺术。我国导游人员在选拔和招聘过程中还有许多不尽完善之处。导游人员的综合质素千差万别，一个旅游团是否成功，导游语言的运用占有相当大的比重。可见，学好语言、掌握语言、用好语言是一件长期的任务，导游人员只有不断学习才能充实自己。

案例思考

你认为导游语言的运用得当与否，会对游客情绪产生不良影响吗？

3-4 感情融入言语中

案例介绍

7月的南京城，酷热的天气几乎让人透不过气来。从日本到中国度假的佐藤先生一家6口人来到南京。佐藤先生一家此次南京之行并非是一次普通的旅行。因为，当年他参加了侵华战争，并在战争中失去了一条腿。导游小夏看着这位举步维艰的老人,心中百感交集。以小夏自己的体会，这些年当日语导游有一种深切的感受，日本游客来南京后，尤其是参观完侵华日军南京大屠杀遇难同胞纪念馆后，个个心情都十分沉重。而导游员在讲解中也应注意语言的分寸，有时，面对日本游客，自己的情绪还真不容易把握。

在与佐藤先生一家的交流中，小夏得知，老人带着自己的家人，特别是孙子、孙女来到南京，是想让他们正视历史，了解过去，也希望能够来到这个他曾犯下滔天大罪的地方进行忏悔。小夏被老人敢于面对事实的态度触动了，当讲解到侵华日军大肆屠杀南京遇难同胞的惨烈史实时，佐藤先生不禁放声痛哭起来。小夏安慰老人："您今天的举动，已经说明了您敢于正视这段历史，面对过去，在许多日本人面前，您是值得我们尊重的。我们都相信，会有越来越多的日本友人加入您的行列里来。这样中日两国人民才会世世代代友好下去。"听了小夏的话，老人紧紧地握住了她的手，眼中的泪水不禁又落了下来。

案例分析

在本案例中，是什么原因让这位日本老人紧紧握住了导游员小夏的手，是对历史的悔恨，更是导游员大度而热情的服务及那一番感人肺腑的真心话。

我们中国人民非常看重情谊，而融入情感的语言正是沟通导游人员与游客心灵的桥梁。游客真诚地希望有情感的导游员为他们服务。小夏的讲解，在表情生动之外的一大特点，是情真意切。情真意切，可以使游客与自己产生感情；情真意切，可以使游客成为自己的知心朋友。只有导游员袒露真情、敞开心扉，才会与游客的内心达成共鸣。

案例思考

导游员在讲解与历史、政治有关的景点时，应注意哪些细节？

3–5 我的讲解很差吗

案例介绍

小文从东北一家旅游学院导游专业毕业后，一心想当一名优秀的导游员。经过不懈的努力，在近 4 个月的锻炼中她带团效果很好，也经常受到旅行社经理的表扬。这天，旅行社计调人员向她下达了接待21位福建游客的导游任务。小文接到客人，等游客上车后，便与以往带团一样认真地讲解起来。小文介绍这个城市的历史、地理、政治、经济，还有这个城市一些独特的风俗习惯。然而，游客对她认真的讲解似乎并无多大兴趣，不但没有报以掌声，坐在车子最后两排的几个游客反而津津乐道于自己的话题，相互间谈得非常起劲。虽然也有个别游客回过头去朝那几位讲话的看一眼以表暗示，但那几位就像压根儿没看到似的，依然我行我素。看着后面聊天的几个游客，再看看那些在认真听自己讲解的游客，小文一面竭力控制自己保持情绪，尽量不受聊天者的影响，一面在想，难道是自己的普通话说得不好，或者自己的讲解没有吸引力，难道我的讲解很差吗？

案例分析

刚刚从事导游这一行业的新人，总是期待自己的付出可以得到游客的认可，也非常希望从游客们热情的掌声中找到自信。可事实是，导游员不能期望所有的游客都依照自己的愿望去行事。作为导游员，当发觉旅游团中有游客不爱听自己的讲解时，应该做到如下两点：

(1) 应该反省自己。是自己讲解的内容游客听不懂吗？是表述中方言太重，普通话不好吗？是自己的讲解缺乏吸引力吗……

(2) 如自己在讲解的语言、内容、趣味性、技巧性上都无懈可击，而仍有个别游客在其中干扰的话，则应拿出良好的对策，不能视而不见。因为，放纵这种干扰，任其蔓延，将会影响到整个旅游团的旅游气氛。

如何解决游客不听讲解，干扰其他游客的问题呢？一定要切记，导游员不能当着全团游客的面用指责性的语气说："请后面的几位先生别再讲话，以免影响其他游客。"类似的命令式口吻或其他强制性措施，不但无助于问题的解决，反而会令那些游客觉得你让他们在其他游客面前失了自尊心而对你表示不满甚至愤怒。你只能用友好的、委婉的、商量的语气，加大嗓门对这样的游客讲："对不起，刚才可能是我讲话的声音太小,所以使得后面的游客听不清楚。接下来，我把声音放大一些，请问后面的游客能听到吗？"你也可以边微笑边说："对不起，刚才可能是我的讲解使有些游客不感兴趣。这样吧，接下来，我讲一些大家都感兴趣的内容。请问后面的几位游客希望我讲些什么呢？"这样的发问，一箭双雕，既不伤害游客的面子，又可中止他们的干扰。

案例思考

什么类型的导游员更受游客欢迎？

3-6 导游语言要"清楚"

案例介绍

2004年7月1日,高句丽遗迹成为中国第30个"世界文化遗产"，可想而知，随之带来的就是大量游客的涌入，昔日平静的北方"江南小城——集安"也变得热闹起来。

一日，由某大学历史系组织的学生实习考察团来到集安参观，旅行社派小王去接待。听说游客是历史专业的同学，在讲解上他可不敢有半点的怠慢。对于集安来讲，申请世界文化遗产的成功是一件最值得庆贺的事情，当地旅游管理部门不仅投入了大量人力、物力、财力对所有旅游从业人员进行专业知识培训，还对一线带团的导游员进行了严格的筛选，目的只有一个，不能在历史的真实性上犯任何错误。一直以来，许多人都将古代高句丽政权和朝鲜半岛高丽王朝相混淆，甚至连导游员也讲不清楚。集安市政府和旅游部门这次组织严格的培训，就是希望从讲解服务抓起，使来此游览的客人把这段历史了解得清清楚楚、明明白白。这不仅是对历史的尊重，也是对游客的尊重。

小王在介绍中说："同学们，大家一定要记住，高句丽政权与朝鲜半岛上的高丽王朝无论是从族源上、年代上、统治地域上还是王族姓氏等方面都是完全不同的。他们之间没有任何关系。高句丽是我国北方少数民族建立的地方政权。自公元前37年建国，到公元668年灭亡，共705年。而高丽王朝于公元918年在朝鲜半岛北部建立……"清晰的层次关系，使这些学历史的同学对小王的讲解大为称赞，一些认真的同学还拿起笔记本进行记录。

案例分析

在导游语言的运用上，清楚，是语言规范化、科学化的又一体现。导游人员语言的"清晰"，具体体现在以下几个方面：

(1) 口齿清晰、简洁明了，确切达意、措辞恰当，组合相宜、层次分明，逻辑性强。

(2) 文物古迹的历史背景和艺术价值，自然景观的成因及特征必须交代清楚。

(3) 使用语言要通俗易懂，尽量避免书面语；不能讲空话和大话。

本案例中小王的讲解得到了历史系同学们的认可，是因为他在讲解过程中能够准确和清楚地将历史年代和国别差异等层次分明地讲述出来，使同学们对其导游服务连声称赞。

案例思考

导游词讲解要做到“清楚”,只要将导游词牢牢记住就可以了吗?

3–7 难忘小芳

案例介绍

刚刚从大学毕业的春红是个书迷，在书海里她读三毛、读尤今，渐渐地也喜欢上了游山玩水，而且希望能在游山玩水中有所见识与收获。开始的时候，她常和朋友们结伴而行自助出游，山山水水地跑了几个地方，可是所到之处，大都是失望大于希望，一时的喜悦、一时的见识，可回来后想提笔写点什么的时候，才意识到不过是走马观花，至于那些蕴涵在山水之间的故事，那些积淀在岁月中的人文，不是不得而知就是知之甚少，哪里还有娓娓道来的妙笔生花呢?

于是，她又试着在出游前先从网上查找相关资料，以为有了相关的了解之后再去玩，大概就会有些行家看门道的慧眼了。可是，没想到，每次不是多走许多冤枉路，就是因为刻意寻找网上描述的某种风情，而更加的一路混沌。有人也建议她找个旅游团，不仅省心，还可以大饱耳福。经过几次尝试，春红还是觉得让导游员带着同样也像是急行军。在导游员眼中早就没有风光可言了。

但是一次天柱山 2 日游，却让春红一改此前的看法。导游员小芳看上去不大，但却对天柱山乃至安庆市潜山县的人文历史和自然典故滔滔不绝，如数家珍。一路上，小芳和春红她们聊起了天柱山的典故传说，让她们未见“天柱”真面，已是满心的期待，真想马上感受小芳所描述的奇松怪石、飞瀑流泉、峡谷幽洞、险关古寨。用春红自己的话来说：“这一次，大概是我精神上第一次最彻底的旅游，也是最有心得的一次游山玩水。就拿三祖寺来说吧，以前也曾去过，没觉得有什么不同；而随导游员小芳进入寺庙，忽然举首投足处皆有了故事和传说，听得我不由得融入其中，或喜、或悲、或惊、或叹、或赞、或哀……”

深秋的山谷间，只有春红等一群人，落寞一下子跃上心头。导游员小芳似乎看透了大家的心事，安慰她们说，虽然现在不是听泉观景的好季节，但水枯人少，更是看这些摩崖石刻的好时候。小芳生动的讲解和即兴的调侃让春红倍感亲切，对天柱山也有了更加深刻的印象，在春红的博客上她这样写道：“难忘小芳。”

案例分析

大部分游客在出门前和春红都有着类似的想法，和导游员在一起游山玩水和急行军没有什么区别，但令她难忘的小芳，却改变了春红的出行方式，对导游员的认识也更加深刻了，可见，影响力的重要性。

是什么让春红对小芳难以忘怀呢？是“生动”二字。这两个字虽然简单，却是难以达到的讲解技巧。语言的生动性不仅要考虑讲话的内容，也要考虑表达的方式，还要力求与环境、心情和发声音调相和谐。优秀的导游员生动形象、妙趣横生、发人深省的导游语言，可以引人入胜、情景交融，相反，平淡无奇，单调、呆板则会让游客感到索然无味，往往还会在心理上产生不耐烦或厌恶的情绪。

因而，导游人员在讲解过程中，要做到以下几点：

(1) 使用形象化的语言。力求创造美的意境。

（2）使用生动流畅的语言。语言生动流畅是讲解成功的基本保证，这就要求导游人员在讲话中音调正确优美、节奏适中、语法无误、用词恰当。

（3）使用趣味性强的语言。在充分掌握导游资料的情况下注意讲解的趣味性，努力使情景与语言交融，激发起游客浓郁的游兴。

（4）表情、动作要有机结合。在导游讲解时，导游员的神情、手势及声音，都可以在讲解中相互配合，力求最佳的效果。

案例思考

尝试将现有一篇常用导游词，以生动的形式表述出来。

3–8 我该讲些什么

案例介绍

莉莉是某旅游学校的毕业生，因其在校期间曾参加了省旅游局举办的“导游大赛”，她的多才多艺和机智的应答给身为评委的旅行社经理留下了深刻印象。在莉莉毕业后，便被录取到这家旅行社担任导游员。

教师节到了，莉莉回到学校看望老师，在和主讲《导游业务》课程的李老师聊天时，莉莉说：“李老师，我有一个困惑，每次带团，我都事前准备许多许多的讲解词和小故事，但是，也不知道为什么，上车后一会儿的工夫，就好像所有的话都说完了。总是在车上出现冷场的局面，自己觉得非常不好意思。”李老师笑着回答说：“这种现象对于大多数刚刚开始带团的导游员来讲，是非常普遍的，其实无话可说的主要原因，就是知识上的贫乏导致的语言上的贫乏。导游语言的丰富，要从多个方面来积累，在这一点上是没有‘速效药’的。要想和客人有话题可谈，途径有许多，如当天的新闻、城市的变化、民风民俗、生活水平等，许多内容都可成为导游讲解的话题。看来，你还需要不断地积累啊！”

李老师的一席话，让莉莉一下子茅塞顿开。毕业后的“这节课”，对莉莉来讲可谓是“受益终身”。

案例分析

旅游管理专业是在我国旅游行业快速发展的前提下应运而生的。这一专业培养出来的学生有许多都走上了旅行社经营及导游服务工作岗位。本案例中的莉莉能够在省际旅游行业比赛中取得名次，受到旅行社经理的赏识，说明她的个人素质非常不错。但是在带团初期的迷惑，使她非常苦恼。李老师对其“病症”的诊治，让莉莉明白了自己的“病因”。

其实，导游语言的贫乏并不是无“药”可救，可从以下几个方面着手：

(1) 在生活中积淀。人们常说“生活是最好的老师”。的确，许多导游员一出校门便开始导游生涯，没有社会阅历、没有生活经验，语言表述自然就缺少根基。而游客大多是饱经风霜，人到中年，如果导游语言没有分量和内涵，会使游客认为导游员缺乏经验或责任心不强。

(2) 要多读书，开卷有益。导游人员应该不断地扩充自己的知识面，报纸、杂志、网络、电视都可以成为导游人员摄取知识的平台。

(3) 虚心向经验丰富的老导游员请教。在旅游服务行业中，实践大于一切，有着多年带团经验的老导游员的心得体会，会使新导游员快速成长。

可见，导游无话可说的主要原因还是在自己的身上，只要个人能够主动学习、坚持学习，不断挖掘自身潜能，一定能够成为一个侃侃而谈的优秀导游员。

案例思考

你认为，李老师的“良方”对症吗？

3–9 导游比赛后的反思

案例介绍

2006年12月，在首都北京隆重召开了“沙家浜”杯红色导游大赛。此次比赛受到了全国各地旅游景区（点）和旅行社的重视。许多导游人员都想通过本次比赛来宣传当地的红色旅游，也想借此机会向全国的导游同行学习、交流。

2005年刚刚取得导游员资格证书的导游员小风的家乡靖宇县，是杨靖宇将军曾经战斗过的地方。他对这次比赛非常关注，也想在这次大赛上试试身手。

参赛人员报名条件如下：

（1）热爱祖国，拥护社会主义，积极宣传党和国家发展红色旅游的政策、规定，无不良政治倾向。

（2）熟悉红色旅游业务和相关知识，了解红色旅游目的地的人文、地理、民俗风情。

（3）热爱本职，精通业务。

（4）严格履行导游（讲解）员执业规范，为游客提供文明优质的服务，无责任投诉，无不良行为。

（5）五官端正、举止得体、气质较好，有较强的语言表达能力。

经过资格审查，在靖宇县内的选拔赛上，小风的发挥并不太好，第一关就被淘汰了。小风知道自己还有许多不足，但一向“较真儿”的他找到了评委老师，想问一问自己的缺点，好在以后的讲解中不断改进。评委老师对小风的执著很认同，于是耐心地告诉他：“你在讲解的时候情绪很饱满，但是语言过于稚嫩，像是读课文，逻辑层次性也差一些，希望以后多多的锤炼，你还年轻，以后会有机会。”在临走时，评委老师还将比赛的录像回放给小风看。这回，小风输的心服口服了。

案例分析

在本案例中，小风对于自己的讲解能力充满信心，但遗憾的是，在初选赛中就被淘汰了。比赛录像的回放，让一直信心十足的小风看到了讲解时的“真实自我”。评委的热心点评也使这个初涉导游行业的热血青年找到了自己的不足。应该说，这样的失败更有利于导游员的成长。

小风的情况，评委老师已经指出，就好像是“读课文”一样。这一问题应该是许多导游员的通病。导游在带团之初，多采用导游词“词海战略”。虽然能在景点和旅游车上滔滔不绝，可留给游客的印象，就像是小学生在“读课文”。导游词的内容和书本上几乎一字不差。有的游客开玩笑说：“导游差点把标点符号读出来。”小风同样犯了这样的忌讳。另外，评委提到在逻辑性上，小风也是个弱势。

一些导游讲解时常常跑题，来回讲，使游客听得不清不楚。

所以，为了让小风这样的错误不在其他导游身上重现，应注意：

（1）将书本上的书面语转化为口语，用生活化的语言表达出来，这样既易于理解，又可拉近客我之间的距离。

（2）在讲解前，导游员要做到心中有数，明确讲解内容的层次，使游客有条理性。

（3）为使讲解的内容更有说服力，导游员要多收集有关知识和素材，丰实自己。

案例思考

参加导游比赛的选手若想脱颖而出，哪些方面最为关键？

3–10 旅游车上的讲解

案例介绍

“龙行天下”旅行社的VIP游客到达杭州，小仲将游客从机场迎接到旅游车上后，便开始了杭州之行。通常来讲，每个地陪导游员都要在首次沿途讲解中介绍当地的概况和历史沿革等内容。小仲也一样，很想马上就将杭州的美丽景致和当地人民的热情好客全都告诉给客人。但是，游客对小仲的“热情”却有些茫然。只见小仲的眼睛始终看着车尾部的车顶，声音虽然很洪亮，但让游客感觉非常不舒服。在介绍到杭州东站广场时，游客都向车窗外张望，但找来找去，看来看去，也没有见到广场。原来，东站广场已经过去了，小仲是在作补充介绍。

结果可想而知。作为一个知名品牌，“龙行天下”旅行社非常注重导游员的接待水平，一到饭店小仲就被旅行社召回了。

案例分析

小仲在车上的讲解中，虽然语言上没有不妥之处，可是，却未注意到讲解中最为重要的细节。例如，眼睛注视的对象和讲解时内容和景观的同步性等。一般来讲，导游员在对客服务过程中，目光应正视游客，尽量保持与游客的视线相平行，不能仰视，也不要俯视，同时，还要注意眼睛环视周围，观察游客的动向和反应。此外，也不要将目光长时间停留在某一个游客身上，以避免引起不必要的误会和反感。再者，一定要注意，在旅游车上讲解的时候，一定要保持景物与讲解内容的同步性，讲到景物时，该景物应正好出现在游客的视线内。最后，在旅游车上讲解，导游员还应把握好语速，并注意调整讲解词的长短，要给游客留出思考和回味的时间。在交通安全上，因导游员与旅游车的行驶方向是相反的，一定要注意个人的安全。

案例思考

请模拟在旅游车上讲解，注意眼神和手势的配合。

3-11 购物讲解让人“烦”

案例介绍

各位团员：“到三亚来，最重要的是留下与大海有关的记忆，所以你一定得带些价廉物美的海洋纪念品。其他的东西像椰雕之类，建议还是在海口买，那里会卖得比三亚便宜很多，三亚三面环海，有许多平缓的滩涂，贝壳、海螺之类的东西非常多，当地工匠用它们制成许多美丽的工艺品。三亚还有发达的珍珠养殖业，生产的南珠极负盛名。三亚的北面，是羊栏水晶矿，这种晶莹的石头是给恋人最好的礼物，我看车上的男性游客较多，一定要带给您女朋友或妻子一些啊！不然，回去没法交代……”

一段冗长的讲解，让许多游客都心烦地闭上了眼睛在那儿养神。三亚某地接社导游员卖力地在车上足足讲了32分钟，连水都没喝一口，这功夫也真让人佩服，景点讲解时倒没见他如此卖力呀。一些本无倦意的游客看看周围，也闭上了眼睛，“闹中取静吧！”

案例分析

对导游讲解中冗长的购物推销的反感，或许有过随团出游经历的游客都曾经历过。导游员的目的非常单纯，就是让游客打开钱包在购物商店里购物，所以，不管是多热的天气，不管游客有多么反感，只顾滔滔不绝地讲个没完，这就必然会使游客的反应由原来的兴奋状态转为抑制状态。

如果导游员在讲解中遇到这种情况，即使是游客感兴趣的内容，也要适可而止。要考虑不同层次游客的信息承受能力，过多传递，讲个没完，未必能让所有的游客称道。

美国伯克利加州大学格赖斯教授以为，人们谈话之所以能顺利进行，是因为谈话双方都能够遵守“四个准则”。即：谈话内容涉及的信息充分而不多余；谈话内容真实可靠；话语与话题有关；表述清楚，简洁明了。导游员在景观讲解中，能很好地把握上述“四个准则”，就能有效地防止本案例中游客闭眼“睡觉”局面的出现。

案例思考

导游员应如何改变购物讲解方式，使游客易于接受？

3–12 让“名人”来解围

案例介绍

小张的嘴快、话多在行业里是出了名的。许多导游员都非常羡慕他，连女孩子上街买衣服都愿意带着他，因为他是出了名的“砍价高手”。这一切都归功于他那“伶牙俐齿”。

一次，小张带江苏游客参观，北京的“桑拿天”让人们透不过气来。游客们有打遮阳伞的、有喝冰镇矿泉水的、有扇扇子的……把所有能避暑的东西都用上了。下午参观的是北海，司机刚将旅游车停好，小张就将参观前的注意事项讲了一遍。讲话结束，大家起身要走时，前排卢先生的墨镜掉在了地上。小张看到后，大喊一声："小心！别踩！您的眼睛（镜）！"车上的人先是一愣神，之后哄然大笑。这时的小张不好意思地拍了一下嘴，笑着说："这嘴，真不争气，怎么总跟央视的名人学呢？"卢先生笑着问："难道央视名人也说过这句话吗？"小张回答道："有一年，央视体育节目主持人在现场转播的时候说，可能有的观众刚刚打开'电梯'，我们再把比分向大家公布一下。"听完这段话，车上的客人又笑成了一团。过了一会儿，江苏游客个个面带笑容地走下旅游车，开始了北海的参观。

案例分析

在本案例中，小张之所以出现口误，与其平时性子过急，语速过快有着必然的联系。不过，这样的口误也给旅游车上的游客带来了许多快乐！在处理口误的过程中，小张非常机敏地将央视名人的精典口误小段讲出来以作衬托。其实，他是想告诉大家，名人也会有口误出现，请大家多多谅解，也是在为自己打个圆场。俗话说："智者千虑，必有一失"，导游员在讲解中难免会出现口误等情况。口误既出，可按正确的讲法重复一遍，也可如小张一样巧妙地化解危机。但绝对不能将错就错，置之不理。

案例思考

你认为导游在讲解中出现口误现象的主要原因是什么？

3–13 临行赠言　意味深长

案例介绍

小李是一位经验丰富的导游员，多年的带团经历使他的讲解颇有功底。游客们对他总是赞不绝口。一日，厦门某机关单位的 7 位领导到上海考察，由小李全程陪同讲解服务。一位被称为“领队”的领导在景区里向李导提出了一个非常简单的问题，“上海市区有多大面积？”这可问到小李的软肋上了。小李虽说讲解能力强，但是对数字极不敏感。他自己知道，上海有多少人口、多大面积，这些是他根本没记过的知识点，平时也很少有客人提起，今天的问题该怎么回答呢？情急之下，小李快走了两步，让大家看一下两边的景物，自以为这样打个岔就过去了。没想到，当游客结束了上海的旅程，在前往机场的途中，那位领导临行赠言：“小李讲解和服务都不错，但是，你不记得吗？你没有回答我的提问欧！当导游，一定要记住，多一些人文关怀。”一句话，小李的脸刷地一下红了。

案例分析

在本例中，导游员小李自认为非常聪明地回避了游客的问题，没想到游客的一句临别赠言，让小李深感内疚。

导游员在对客服务中，经常会有回答不上游客问题的时候，原因有许多，有时候是忘记了，有时候是不了解、不清楚。作为游客，他们将导游看做是“杂家”，给予了极高的评价，而一旦遇到讲解不畅，无法表述的情况，不仅会影响讲解的连贯性，影响讲解内容的全面性，进而有损讲解质量。因此，作为导游员一定要熟记讲解内容，不要有小李那种侥幸心理。

案例思考

你是如何理解人文关怀的?

3–14 实地口语类导游的地位

案例介绍

案例1：

千名“电子导游”喜迎八方客

2005年8月16日上午9:00，天坛公园来了1000名新“员工”——电子导游机。据天坛公园管理处介绍，这是目前世界上最先进的电子导游机，会说8种语言，在京城公园尚属首家。个儿小本领大，脸“花”路特熟。“电子导游”小巧喜人，只有两个烟盒那么大，半个烟盒厚，可用一根绳子套在游客的脖子上，还配有耳机。“电子导游”的脸上画着天坛地图，共有24个景点，每个景点都有一个小红灯。每到一个景点，相应的小红灯就开始闪烁提示。这是由于每个景点都安装了射频装置，会发出信号，让“电子导游”接收，并将不同景点的历史背景、典故传说等告知游客。

这个“小导游”，张嘴能说8种语言，包括普通话、粤语、英语、法语、德语、日语、韩语、西班牙语，全是由中央人民广播电台等外语播音员翻译和录音的。天坛公园表示，到2008年将推出20种语言的电子导游机，还将发展40种语言的机型。目前，天坛投放了1000台电子导游机供游客租用，中文服务的每台租金10元，外文服务的每台租金40元。

案例2：

导览机抢饭碗，广州博物馆讲解员告急

2002年10月26日，《南方都市报》报道：重新开放的南越王博物馆在广东省博物馆界率先推行电子录音导览机，游客只要付上10元，便可租用一个，边听边游览。而带团出游的导游，只需将解说内容有选择地播放给游客听就可以了。

导览机出现后，向游客出租，发放导览机便成为讲解员的日常工作。讲解员会不会因此丢了饭碗呢？对此非常关注的《南方都市报》记者走访了广州市内各博物馆，发现虽然博物馆设备日趋现代化，但专职讲解员仍然告急。

近些年，广州各博物馆精彩展览不断，但是游客却普遍反映，由于缺少专业讲解，对展览只能看个“皮毛”。目前，广州市各大博物馆的讲解员远远不能满足市民的要求。截至2002年11月，广东省博物馆有7位讲解员、广州市博物馆有4位、南越王博物馆有8位、广州艺术博物院有6位。他们虽然都具有讲解员资格，但并非专职从事讲解工作。南越王博物馆宣教部王主任说：“我们的8位讲解员既是讲解员，又是宣教干事，有时博物馆事情多起来，什么事都得做。”

案例分析

“电子导游”的出现让许多导游员增强了危机意识。许多人在考虑，随着时代的发展、科技的进步，导游服务方式定将走向多样化、高科技化。导游人员会不会有失业的可能呢?

正如案例2中所示，虽然导览机出现，但是，讲解员队伍仍然存在人员告急的问题。虽然，现代化科技手段的丰富，在一定程度上威胁着传统导游讲解员的地位，而另一方面，任何现代化的讲解手段都无法取代传统导游讲解员与游客面对面的交流，更无法实现针对个人的“因人施讲”。这是因为：

(1) 导游服务的对象是有思想、有目的的游客。

(2) 现场导游情况复杂多变。

(3) 旅游活动是一种人际交往和情感交流的过程。

我国推出“电子导游”可以解决在旅游高峰期小语种导游不足的问题，但我们也必须看到，为了适应国家旅游发展的需要，导游从业者必须加强自身语言能力的提高和培养，只有这样，口语化导游才能永远在导游服务中处于主导地位。

案例思考

“电子导游”有哪些优势?

3–15 借题发挥

案例介绍

“导游，麻烦您，前面那么多人，怎么了?”地接导游员小孙，顺着游客手指的方向看去，前面一所学校的门前聚集了许多人。这时，车上正好能看到学校的名字“龙凤少儿外语”。小孙明白了，原来，是小孩子们在这里学外语！马上要到下课时间了，家长们正在门口准备接孩子们回家。于是回答说：“人那么多，可不是什么集会，这是一所外语学校，外面的人是家长正在等里面的孩子下课。”“是这样啊！”车上的香港客人点了点头。小孙一想，这个话题作为一项互动的内容，在车上和游客交流一下意见，应该说是很不错的即兴讲解嘛！

于是，小孙和游客互相交换起对中国儿童教育的观点，在一派热闹的气氛中到达了下榻的饭店。

案例分析

小孙在讲解中借题发挥、见物讲物、见人说人的方法被称为“触景生情”。一个好的导游员不能死背书本，照搬导游词，还应该能就事论事或举一反三，借用所见景物对城市文化和历史进行宣传介绍。这种讲解方法贵在发挥，要自然、正确、切题。“发挥”要做到如下几点：

(1) 借题要恰当。

(2) 发挥要适度。

(3) 结论要明确。

通过借题发挥的方法，要提出自己的观点。

在本案例中，小孙借用香港游客的一句提问，不仅解释了游客的疑问，也借此让大家对儿童教育问题广开言路。通过小讨论，活跃了旅游车上的气氛。这种讲解方式值得借鉴。旅游活动中，常会出现游客随机提问的情况，有时问题甚至会让一些导游员措手不及。可见，对导游员的要求，不仅是能言善讲，还应该学会“即兴回答”。

案例思考

"能做到'触景生情'的导游员，情感一定丰富"，这句话正确吗？

3–16 趣味讲解

案例介绍

冬天是许多孩子最向往的季节了，西三道街小学的大队辅导员老师，带领全校350名小学生到冰雪大世界去赏冰灯。为了使同学们得到更好的照顾，学校委托旅行社派专车和导游员为同学们提供全程服务。

同学们那股子兴奋劲儿就甭提了，一上车就喊啊、叫啊！司机师傅都有些不耐烦了。可导游员小苏却面带笑容，拿起话筒对同学们说："大家好，我是导游员苏×，你们叫我什么啊！"同学们听到导游员悦耳的招呼声，异口同声地回答说："苏阿姨。"

有了这一来一往的铺垫，小苏的讲解也就开始了。"同学们，你们喜欢冬天吗？""喜欢。""其实，早期生活在东北的人们，很早已和冰雪有了深厚的感情。一到冬季，特别是腊月，在居室里'猫'了一冬天的人们，看见白白的雪原、晶莹的冰河，心中便增加了几许愉快和清新，于是成群结队地走出居室，奔向雪原和冰河。来到冰上干什么？（语速放慢）轱辘冰，打滚……这往往是一种集体娱乐或比赛。一个人穿着厚厚的棉衣往冰上一躺，另一个人使劲推拉，称为‘拉冰’。自己在冰上打滑，称为‘打滑出溜’。这都是东北民间的轱辘冰活动。同学们，想不想体验一下啊！”“想……”

小苏又说：“在冰上打滚和在雪地上躺一躺，其实也是一种锻炼。冬季，人们在屋子里待得时间太长了，就会得病，而到户外的冰上和雪地上走一走、跑一跑、跳一跳、滚一滚，人的身体的各个部位都会得到活动，于是各种疾病便会一下子消失了，所以呀，冬季是一个充满着乐趣的季节。”

案例分析

在本案例中，小苏的讲解受到了同学们的欢迎。这不仅是因为小苏具有亲和力，还因为在她的讲解中处处充满了童趣，让这些对户外运动渴望许久的孩子们更加着迷。小苏为了引起同学们的注意，还采用问答的讲解方法，让所有的同学都从吵闹中安静下来，一同参与到她的“趣味讲解”里。所以，小苏的导游讲解是很成功的。

突出导游词的趣味性，必须注意以下六个方面的问题：

(1) 注意情节设计。可以穿插故事或传说，引起注意。

(2) 语言生动形象。词汇丰富、准确，注意语音、语调的把握。

(3) 恰当地运用修辞方法。

(4) 幽默风趣。

(5) 针对性强。分析不同类型游客的心理需求，提供有针对的讲解。

(6) 现场应变。

案例思考

小苏的趣味讲解为什么会受到同学们的欢迎，你有什么见解？

3-17 一则通知

案例介绍

2005年为了规范导游市场，承德市旅游管理服务培训中心下发了《关于规范导游讲解的通知》（以下简称《通知》）。

《通知》指出：在导游服务检查中，一些导游员在讲解上还不够规范，有的导游员政治观念淡薄，不负责任地信口开河，缺乏政治意识；有的宣传封建迷信和低级趣味的东西，讲解格调低下；有的不讲正史，热衷于讲野史，特别是个别导游员在避暑山庄宫殿区内不讲解丧权辱国的《北京条约》，而迎合部分游客心理对清帝宫廷生活胡编乱造、乱讲一气。这些现象虽然发生在少数人身上，但也有损于旅游名城的形象，必须坚决加以制止。

针对检查结果，《通知》决定：规范导游讲解程序和讲解内容。要求导游员在导游讲解中不能掺杂庸俗和低级趣味，以及封建迷信的非法活动，不做任何有损名城形象的事情，努力宣传承德的悠久历史和灿烂文化，以及日益发展的大好形势，做旅游名城的形象大使。

案例分析

导游员的一言一行，体现的是地方的精神风貌，展示的是一个地方的对外形象。导游员讲解内容和形式的规范，会极大地提升景观的魅力和品位，提高景观的感召力，从而吸引更多的游客，加深游客对地方文化的理解与兴趣。而且，很重要的是，旅行社自身也能获得经济效益和社会效益的“双赢”。

本例中承德旅游行政管理部门，能从导游讲解规范检查着手，对有损于城市形象，在讲解中胡编乱造、乱讲一气的导游员进行严令制止。体现了行业管理部门的决心，也使导游人员多了一个导游讲解规范化的标准，值得同行业借鉴。

案例思考

讨论：旅游行政管理机关的法规，对导游语言的规范会有多大作用？

3-18 自然景观的讲解要点

案例介绍

导游员小赵将游客聚集在一起后，开始了她此次长白山之行的讲解：“各位游客，长白山最著名的景点是天池。长白山是座活火山，天池就是这座火山的喷火口。自清乾隆以后，长白山就停止了喷火，原来的喷火口成了高山湖泊。因为它所处的位置高，水面海拔达2150米，所以被称为天池。天池呈椭圆形，周长约13公里余，平均水深约200米，据说中心深处达373米。在天池周围环绕着16个山峰。天池犹如是镶在群峰之中的一块碧玉。在晴朗天气，碧水中飘着白云，天水相连、云山相映，云中有山、水中有云，景色秀丽异常。但是，这里经常是云雾弥漫，并常有暴雨、冰雹。因此，并不是所有的游人都能看到她的秀丽面容的。

天池除了水之外，就是巨大的岩石，没有一草一木。但是，却不时听到有人说看到有怪兽在池中游水。人们曾多次对天池的水进行过化验，证明天池水中无任何生物。既然水中没有生物，若有怪兽，它吃什么呢？"

游客们听过小赵的讲解后，迫不及待地拿起手中的照相机和摄像机，将眼前的美景拍摄下来。

案例分析

自然景观的讲解，最重要是抓住景观的核心。以吉林省境内著名的长白山为例，天池是这里最大的亮点。许多游客不止一次登上长白山，目的就是要亲眼目睹这著名的天池美景。

自然景观的讲解，还要突出此景与其他景观的差异。长白山是座活火山，而天池就是火山喷发后在火山口形成的高山湖泊。此外，长白山上的天气就好比是小孩子的脸，时晴时阴，刚才是大雨，一会儿又是万里晴空。这对喜欢自然景观的游客是最大的吸引。

自然景观的讲解，要引导游客观察、引导游客审美。众多游客在长白山上参观时，对漂在天池水面的火山浮石非常感兴趣。导游员可以在保证游客安全的前提下，与游客一同鉴赏。

自然景观的讲解，要满足游客的猎奇心理。天池怪物的传说，是吸引游客的另一个主要原因，讲解中应在尊重事实的基础上，满足游客的好奇心。

案例思考

以某一自然景观为例，试进行模拟讲解。

3–19 无声的语言

案例介绍

宋先生是位学识渊博的老者，退休在家之后，潜心研究影响中国命运的两位重要领导人毛泽东主席和周恩来总理。宋老先生很想到周总理的故居去参观，苦于路途太远，自己身体不好，一直没有机会。恰逢儿子休年假，宋老先生才得以成行。

父子二人乘飞机来到江苏省淮安市，为了能够亲临其境地了解这座历史文化古城，通过旅行社找到了一位导游员陪同父子二人一同参观。在来到周恩来总理故居门前时，导游员介绍道："1898 年 3 月 5 日，周恩来同志就诞生在这里，并在故乡度过了 13 个春秋。""不对，周总理应该在这里住了 12 年，"宋老先生肯定地说。这时，小导游先是一愣，轻声问道："老先生您怎么知道我讲错了呢？"宋老的儿子说："我父亲从退休就研究周总理的生平，我相信他是不会错的。"小导游一听，笑而不答。进到故居后，印证了老人的说法。宋老先生这时想再对小导游说些什么时，只见她一脸堆笑，老人只能欲言又止。

案例分析

在本例中，小导游在得知自己讲解错误之后，一言不发，面上堆笑，用这种最简单的方法向宋老先生表示着自己的歉意。微笑是一种无声的语言，它有助于强化有声语言沟通思想的功能，从而创造出一种融洽和谐的氛围，增强交际效果。人们用“解语之花、忘忧之草”来形容微笑。小导游保持沉默后给自己留有了余地，也通过笑而不言，解决了和游客间的小分歧。不过必须要提醒的是，导游员不能利用无声语言达到掩盖错误、逃避责任的目的，要把握好尺度和分寸。

案例思考

微笑服务的作用是什么？

3–20 学会委婉拒人

案例介绍

导游员小陆带团华东 5 市 6 日游的行程即将结束了，在临上飞机用餐时，地陪导游员特意安排大家在南京特色旅游饭店里用餐，希望大家对华东留下一个美好的回忆。在吃饭时，饭店老板拿着一包东西走了过来，很客气地对小陆说：“我听地陪说，大家是从银川来的，我有个兄弟也在那儿，您能不能帮我把这包东西带回去交给他？”小陆是个热心肠，爽快地答应说：“行。”并随口问道：“这是什么啊？”“是南京的特产盐水鸭。”“是吃的啊！这个……”小陆犯了难，心想：“大家一路乘火车回银川，万一食物变质可怎么办呢？”但怎样才能婉言拒绝呢？

案例分析

导游员在带团的时候，常常会遇到游客或其他人员提出的请求或委托。但是，根据实际情况，并非所有的请求和委托都能应允。这里有许多制约因素。如，本例中饭店老板托小陆传递食品一事，小陆是不能应允的。因为，食物的保质期很短，无法保证到达目的地后食物的品质。所以，学会婉言拒绝，就成为导游人员必须掌握的一项技巧。

“婉言”即婉转之言，字典上解释为“说话温和而曲折，但不失本意”。善说“婉言”就是在表情达意的时候，有意识地将可能“刺”人的话转换成温婉的话来表达，以避免不必要的语言伤害。

婉言，就是要以诚相待，把话说得“好听”一些，让人易于接受。善说“婉言”也需要提高思想文化素质。导游员在带团过程中运用婉言要注意以下几方面的问题：

(1) 以尊重他人为前提。

(2) 注意说话分寸的把握。

(3) 要有正确的态度，不能讽刺和挖苦他人。

案例思考

小陆应该怎样婉言拒绝饭店老板的请求呢？

3-21 香港禁止吸烟了

案例介绍

“从2007年元旦零时起，我国香港地区全面实施禁烟条例，任何违例吸烟的人士，最高可被处罚款5000港元。不过，有六类公共场所除外，即：夜总会、商业浴室、按摩院、麻将馆、会所内指定的麻将房，以及某些酒吧。这些地方获准最迟在2009年7月1日实施禁烟。”这则通告被国际旅行社的陈经理粘贴在了接待处的醒目位置，使每位2007年1月1日后赴香港旅游的客人心中有数。这样也可以减少因游客不知情而带来经济和形象上的损失。

孙先生是个有20多年烟龄的老烟民了，虽然明明知道禁烟条例公布了，可是在香港旅游的几天时间里，孙先生仍是时不时地将香烟拿在手里，有几次，孙先生都想用打火机将香烟点燃。身为领队的王导每次都故意和孙先生坐在一起，车上的游客也知道，王导的“意图”就是要监督孙先生不要吸烟。这天，午餐过后，孙先生的烟瘾又犯了，他偷偷地跑到角落里，正想打开烟盒，王导就出现了。王导开始相劝：“孙先生，您可不要在禁区吸烟，钱财损失是小，现在国内正在倡导中国公民文明出行，这对我们大陆公民形象也是一种损害啊！”

这句话说完，孙先生还真的将香烟收了起来。在香港的日子里，一切顺利。

案例分析

将自己的意思传达给对方并使其按自己的愿望转变态度的交流方法叫做劝说。在导游员带团过程中，并不是人人都容易被说服的，尤其是当被劝者的想法与导游的想法或立场相距太远时，对方往往会对劝说不予理睬。而一种人，正如本案例中的孙先生，是个“老烟民”，但他也是位爱国者，当领队王导说到会影响中国内地公民形象的时候，他认同了王导的观点，所以，没再吸烟，使香港的行程一切顺利，未在吸烟问题上惹出事端。

可见，王导的劝说是成功的，归纳起来应注意以下几个方面：

（1）导游员要从实际出发，而且在劝说前做好铺垫工作。

（2）劝说时要以理服人，合情合理，使对方无法反驳。

（3）要处处体现尊重。

案例思考

你认为王导为什么会成功地劝服孙先生呢？

3-22 提醒的语言

案例介绍

“海水、蓝天、白云、海滩”，美丽的海滨让游客们险些忘记了集合的时间。出门带团最害怕的就是游客不把时间当回事，看见游客陆续按时回到了旅游车上，小高显得放心多了，再过3个小时就要去机场了，可不能有迟到的，否则时间会被耽搁。小高清点完人数，又经过一个半小时的车程，旅游团到达了周水子机场，告别了美丽的海滨城市大连，真有些恋恋不舍。离安检还有半小时，小高再次将全体游客召集到一起，提醒大家："请各位朋友千千万万不要走远，因为大家的机票是往返票，为了方便回收，大家的机票都在我的手里，我再次重申一下集合时间，40分钟后，在现在这个位置，请各位准时到达。"

小高在海边和机场的紧张，是因为在行程刚开始的时候少数游客没有群体意识，常常丢三落四，无故迟到，才让小高每时每刻都对这个团担心。不过，多次的提醒是有效的，游客顺利登机，返回了自己的家。

案例分析

2006年10月，中央文明办、国家旅游局联合颁布了《中国公民出境旅游文明行为指南》。其中有一条为"出行办事，遵守时间"。的确，有许多游客在出门旅游的时候往往缺乏时间观念和集体意识，凡事以自我为中心，因游客个人迟到导致的旅游投诉事件不胜枚举。

本例中，小高在对游客进行提醒时，态度诚恳、说明利弊，收到了较好的效果。总结导游员在带团中的常见提醒方式还有以下几种：

（1）敬语式提醒。导游员在提醒游客时，多用"对不起、您、请、谢谢"等敬语。

（2）协商式提醒。导游员以商量的口气，间接地对旅游者进行提醒，争取游客的认同。

（3）幽默式提醒。导游员用轻松的语言和词句对游客进行提醒，以求得游客配合。

案例思考

导游一般在什么时候使用提醒式的语言?

3–23 导游忌讳“口头语”

案例介绍

“尊敬的各位团友，大家好、大家好！我是会通旅行社的导游员，我叫许 ×。许 ×，请大家记住。嗯，在这辆旅游车上一同为大家服务的还有王师傅。王师傅是位老师傅了，驾车经验是非常的丰富。嗯，这样，请大家给王师傅一些掌声（大家鼓掌）。嗯，下面我为大家介绍一下……”

没等导游员介绍完，车上的游客就开始窃窃私语了，有人干脆对小许说：“导游，你的口头语儿太多了，听着有点烦，让我们清静一下吧！”这句话说完，车厢里的空气似乎被冻结了，大家没有了动静。小许放下手中的话筒，回到了导游座位上，心里打翻了五味瓶。

虽然，小许说话时口头语过多，但是对待游客的态度还是非常认真的。此后，游客并没有提出更换导游员。可小许心里却很不好受。他到新华书店里买来许多本关于导游如何讲解的书籍。其中王连义老师写的一句话提醒了他。书上写道：“检验导游讲解中口头语是否很多，可以随身带一个录音机，回放给自己听。”小许回家后拿着录音机讲解了一段欢迎词，回放一听，他终于知道了，游客并没有说错，看来自己的确要改掉这个坏毛病了。

案例分析

导游员的讲解应该力求精练简洁、言简意赅、干净利落。一句话一个“啊——”，两句话一个“那么”，不断的“这个这个”，无数的“嗯嗯”……会成为一种疲劳因素，在导游员的语言外壳上蒙上一层尘雾，使丰富而有意义的导游讲解失去它应有的光彩。可以说，流畅的语言，是导游讲解成功的基本保证之一。导游员一旦养成了说话重复的毛病，最终就会导致讲解停顿、语调平淡，逻辑性不强等问题的出现。

小许虽然在导游讲解中有口头语，但经过自我检查，能及时发现问题，相信通过不断的个人努力，说话重复、啰嗦的问题一定会很快得以改正。

案例思考

采用王连义老师的建议，通过自检，看自己是不是一位有口头语的导游员？

3–24 大嗓门 小嗓门

案例介绍

例1：

黄金周一到，全国各地的游人都聚集到了旅游热点城市，景区里到处是人。许多导游员为了召集游客，不得不扯大了嗓门叫喊：“广东的教师团，集合啦！”“上海的医生团，集合啦！”“沈阳顶新集团的员工，集合啦！”声音之大有失导游形象不说，俨然像是路边叫卖的商贩。连导游员自己也觉得无奈。他们说：“到处是人，音量要比平时大几倍，一个团下来，嗓子都哑了，游客还不见得满意。”

例2：

安静的陈列馆里，导游员小丽和风细雨式的讲解，就像是无风的天气一样，让人感觉不到她的存在。小丽是个文静的女生，言语很少，选择导游这一行也是生活所迫。不止是一个团的游客反映她的声音太过低柔，几乎听不到讲解。

案例分析

有位艺术家曾说：“人的喜怒哀乐，连最微妙的情绪，都能通过声音表达得精确细腻。说话时，借助优美、圆润的音质、抑扬顿挫的发音，恰如其分地表现内容，可使看似平淡的谈话变得有声有色，亲近、亲切。”

在例1和例2中，以对比的方式呈现在游客面前的，是两种不同类型的导游，前者音量过大，接近于嘈杂；后者音量太小，让人听起来费劲。这样的讲解效果都不会获得好评。一名优秀的导游工作者，在音量的控制上，要本着两个原则：一是根据旅游者的多少和导游地点的情况来调节音量；二是根据言谈的内容来调节音量。只有说话的音量大小得当，才能增强语言的表达效果。

案例思考

如何把握导游人员的音量控制？试举一例。

第4章

鉴貌辨色　贴心服务

伴随着我国“假日经济”的快速发展，旅游市场竞争日趋激烈。然而，竞争的背后，我们也发现一些不和谐的音符。中途宰客、丢客，服务质量差，安全得不到保障等现象，已经引起社会各界的广泛关注。因此，各大旅行社要想树立良好的形象，在激烈的竞争市场中赢得游客、赢得效益，除了要提供安全高效的优质服务外，一个不容忽视的问题就是要探索、掌握好现代游客心理，努力提高导游人员的综合素质。

众所周知，服务工作归根结底是一门关于人的学问，服务对象的感觉、情绪、思维、需要及个性，属于人的心理活动范畴，这也是一个导游人员迫切需要了解掌握的内容。随着改革开放的逐步深入，现代游客的心理现象更像万花筒一样灿烂夺目，出门旅游，图的就是个舒适安逸、赏心悦目、兴趣所归。港澳台地区游客依恋内地的大好河山而充满好奇心；老年游客希望得到像在家中一样的关心、照顾和尊重；游客中能歌善舞者希望能够在旅途中展示自我。这些游客的消费特点分为经济型、奢侈型、娱乐型、享受型等不同的类型，导游人员在“导”和“游”的过程中，须读懂游客心理。

在旅游活动中，导游服务对游客心理和行为的影响最为明显，二者关系十分密切。导游人员要带好旅游团，就要对每一位游客“鉴貌辨色”。了解游客所需，向他们提供包括心理服务在内的周到、细致的全方位的服务，真正使他们能够高兴而来，满意而归。作为大多数旅游者，外出游玩基本上要满足以下几点心理需求：

(1) 安全心理。

(2) 猎奇心理。

(3) 审美心理。

(4) 求全心理。

导游人员在安排旅游活动过程中，要尽量依据游客的组织活动；随时观察游客的情绪变化；注意不同年龄层次游客对旅游活动的不同要求。

4–1　黄山之行

案例介绍

2004 年春天，导游员小李作为全陪，带着某旅行社组织的“夕阳红”旅游团到华东 5 市去旅游。出团前，在机场时小李便发现在这个旅游团中，许多老人还是第一次坐飞机。有的儿女还特别叮嘱小李，要把靠窗的位置分给他们的父母，诸如此类的委托太多太多。飞机平稳降落在南京机场后，旅程正式开始了。一路上老人们唱着一首首难忘的老歌，车内气氛十分热烈。旅游团在第三天来到了素有“四绝”之美誉的黄山。游客们在兴奋之余，似乎忘记了自己都已是年过半百的老人了，都想登到山顶。但是由于路途过远，而且山势险峻，更何况如果中途出现情况，老人们的安全是无法保障的。地陪征求全陪小李的意见，小李考虑后说：“大家最好乘索道缆车上山，不仅安全，还可以保存体力。”可是，没想到的是，有一位客人，执意要徒步登上山顶，同时，还大声说：“导游让咱们坐缆车，不要以为她好心，她要拿回扣。”无奈，导游员陪着老人们一直走了近 6 个小时，终于到达了山顶。事情不仅如此，当晚所有的团队客人都住在了黄山顶上的光明顶宾馆。由于这里的条件十分简陋（合同中注明），许多游客怨声载道，有些人不入住，竟和地陪及小李僵持了两个小时之久。无奈之下，小李试图与饭店协调，却没有任何结果。为了不影响第二天的活动，让游客尽早休息，小李把自己的床位让给游客住，希望游客心理上可以平衡一些，而自己却在大厅的椅子上坐到了天亮。第二天清晨，游客们起了个大早，却没有看到日出，心情有些灰暗。一位年纪不太大的阿姨，一边梳着头，一边走向李导，用木梳指着她说："我回去一定投诉你，给我们安排的什么房间啊！根本住不了人！"小李从来没被游客指过鼻子，而且觉得自己尽了最大的努力，可是游客仍不满意，鼻子一酸，所有的委屈一下子顺着眼泪都流了出来。许多游客上前劝说，也有人指责那位女士，不该怨导游，这是旅行社安排上出现的问题。此时的小李，心里只有一个想法，以后再也不当"夕阳红"旅游团的导游员了，真是费力不讨好。

小李虽然受了很大的委屈，但是她的热情和主动，还是赢得了大多数游客的理解，回到旅行社后，也没有接到那位游客的投诉电话。由于小李的细心、耐心，后来她仍然还是旅行社老人团队的首选导游员。

案例分析

按照传统习惯划分，我国一般将退休以后的人员，划入老年范畴。目前，我国人口已呈现出明显的老龄化态势，退休人员占到了全国人口的10%左右，并且仍在持续上升。旅行社行业也看好了这一市场，大力开发"银色旅游市场"。老年出游者一般价格偏低。一些景点对60岁以上的老年人实行免门票制度。民航公司也对老年人推出低折扣的优惠政策。这样一来，吸引了大量的老年人出游。

本案例主要涉及如何对老年旅游团进行服务的问题。导游员小李在接待团队过程中的确受了许多委屈，但在与老年游客沟通时，还是缺乏一些技巧。应注意以下几点：

（1）老年人对旅游服务的期望值非常高。我们可以看到，虽然在合同中已有提示在黄山住宿时条件会非常艰苦，但老人们认为，这种条件是不能接受的，有合同也没有用，必须要调换房间。

(2) 老年人比较节俭。对一些自费项目，许多老年人不积极、不参加，除了怕导游员从中挣取回扣外，习惯节省，不愿多花费也是重要原因之一。尤其是听说导游员是如何“骗”钱后，产生了一些排斥心理。

(3) 怀旧心理强烈。老年人在多年的生活中积累了丰富的经验，他们十分留恋过去的生活，对新鲜事物接受慢，喜欢听旧歌、谈往事。导游员在服务中一定要保持充分的耐心。

(4) 游览速度缓慢。老年人的体力往往不及年轻人，导游员在为老年团讲解时，要放慢步伐，边走边讲，给老年人以休息的时间。

案例思考

导游员如何拉近与老年人的距离，和他们成为好朋友？

4-2 我给厅长当导游

案例介绍

2006 年夏天，吉林省长春市农业博览会在长春市会展中心盛大开幕。来自全国各地及海内外的参展商和参观者纷至沓来。大家都想亲眼看看新农村的新变化。一些省市对这次农民自己的展会非常重视，派主管农业的厅长前来参会。在大会最后一天，长春市政府将这些厅级领导干部们组织起来，由导游员小李带团，参观长春市。

小李听说要接待厅级领导，心里多多少少有些不安。因为领导级别高的人，往往对导游员的要求也高，万一在讲解和服务上有不当之处，可是影响我们城市形象的大事啊！小李忐忑不安地上了旅游车，一见各位领导，咦！怎么和想象的一点也不一样啊！一位位领导穿的都是休闲服，面带笑容，一上车便递过来一瓶矿泉水。其中一位厅长说："导游，你随便讲，站着太累，坐下来，别把我们当外人，你随意些，不要拘谨。"这番话说完，小李似乎放松了许多，可是只要一想到车上都是厅长，不免还是紧张。

一路上，小李将所到之处一一讲解，每说一句话都比平时小心十倍。因为，她非常担心哪句话说得不准确，让领导挑出毛病来。好在小李从旅行社拿到接待计划后还特意请教了一些老导游，了解了一些注意事项。在全程服务中，小李尽量调节车上的气氛，尊重他们，让厅长们在欢声笑语中度过了愉快的一天。在厅长们写给小李的游客意见单上，写着这样几句话："李导年轻有朝气，活泼开朗，多才多艺，希望在今后的工作中好好锤炼，成为一名优秀的导游员！"

回到旅行社后，小李把意见单交给了导游部经理，高兴地说："厅长们一点儿领导架子也没有，以后再接待类似的团队，我不会害怕了。"

案例分析

对于旅游企业来讲，政府机关人员是一个比较大的消费市场。他们的综合素质高、消费水平和承受能力一般较强。随着我国经济的发展，政府公务人员境内、境外的公务活动也日渐频繁。作为导游员，应该把握住这类人群的心理特征，提供有针对性的服务，以满足这一市场的需求。

本案例中，小李首先抓住了非常关键的一点，就是领导们希望受到别人重视、尊重的心理。她在讲解服务中，时时刻刻提醒自己，要小心说话，注意自己的行为举止，使厅长们感知到自己得到了重视。其次，政府机关公务人员长期处于比较单调和严肃的工作环境里。他们非常想通过旅游参观这种活动来放松身心，而且，由于这种在公务活动中参加游览的方式，大家对价格并不敏感，所以，大多数人都不会把注意力放在价格上，而更注意的是服务水准和质量的好坏。

由此可见，政府机关公务游客的心理特征是：

(1) 更注重身心愉悦。

(2) 渴望被尊重的心理。

案例思考

你认为小李的这种服务是“特别关照”吗？

4-3 万绿丛中一点“红”

案例介绍

为了表彰女企业家的突出贡献，营口市妇联组织了一次北京 6 日“奖励旅游”活动。女企业家们一行，因为都是女士，所以，妇联工作人员特意强调最好派一位男导游来带团，以调节车上的气氛。到达北京后，导游员小赵如约而至。小赵是东方国际旅行社的“知名”导游员。说他“知名”，是因为他在带团过程中有女导游员的细心、男导游员的稳重，以及真诚的态度和热情的服务。所以，旅行社里的一些重点团都由这位“知名”导游员来接待。

上车后，游客们说：“小伙子，你可是‘万绿丛中一点红’啊！”小赵借着大家兴致正高，来了一段热情洋溢的欢迎词，大家把最热烈的掌声送给了他。俗话说：“良好的开始，是成功的一半。”当游客们到达所下榻的宾馆时，小赵的沿途讲解也刚好告一段落，车上的团员一致认为，碰到了这么优秀的男导游，可真不容易啊！在宾馆大堂，小赵把入住手续及相关事宜落实好以后，正要离开时，一位 40 岁左右的女企业家陈女士叫住了他。“小赵，我们这次来北京，想买一些特色旅游产品，出来一次不容易，给大家带点儿纪念品回去，是份心意。”小赵听后，把他所了解的北京特产一一介绍给她，还告诉陈女士明天的行程里有购物的内容，劝其先别着急。

第二天，旅游活动正式开始了，北京城里的风光让每位游客一饱眼福；小赵的精彩讲解也让游客们一饱耳福。到了购物店，陈女士便开始为朋友们挑选礼物了。由于小赵在昨晚已经把一些产品的特点作了简单的介绍，不一会儿，陈女士手里的袋子就一大堆了。同行的王女士走上前说：“陈经理，这东西好不好啊！你买这么多东西要不是真的，可就亏了。我听说在旅游购物商店里买的东西有一大半是假的，你还真敢买！”这一席话不要紧，陈女士找到了小赵，问他这些东西会不会出现质量问题。小赵还没来得及回答，旁边那位王女士似笑非笑地说：“陈经理，你这可问错人了，导游都有回扣的，他能说这是假的吗？”就这样，刚刚买下的货品，又全部退掉了，小赵无语。

此团结束后，小赵回到旅行社和同事谈及此事时，非常感慨地说：“现在当导游太难了，游客不相信导游员，这样的旅游团连起码的信任都没有，真不知道以后的路该怎么走下去了。”

案例分析

在本案例中，小赵能以精湛的讲解获得大家的好评，但在为女性旅游者提供购物服务环节中，没有很好地把握住游客的心理，以至于货物被退，被人误会。

女性旅游者在选择旅游产品时，会对各种外部信息，如朋友建议、专家评论、其他人的旅游消费经验等进行分析，在综合考虑各方面因素的基础上，作出最终的决定。因此，在旅游服务过程中，一定要针对女性旅游者的心理特点，详细认真地解释各种问题，对于可能发生的事件一定要提前与旅游者打招呼，当旅游者表现出对旅游活动的迟疑情绪时，要耐心解释、认真分析。通常女性旅游者的心理特征为：

（1）注重旅游产品的外在特征和情感体现。比如：饭店的外观、设施的清洁程度、旅游景点的魅力等。

（2）注重对旅游产品之间的比较。女性旅游者观察事物比较仔细，在作出购买决策时，通常表现出较强的挑剔性。

（3）容易受外界因素的影响。

（4）追求时尚的心理。

由此可见，不同的旅游者具有不同的心理特征，对于旅游活动也有着不同的心理期待。导游人员要服务于旅游者，赢得旅游者的信任，就必须从不同方面、不同层次考虑旅游者的心理特征，采取不同的针对性服务。

案例思考

请谈一谈，对从事教师工作的女性旅游者如何服务？

4-4 千里情 导游牵

案例介绍

在我国北方魅力江城吉林市，每逢冬季到来，就会形成独有的自然景观——雾凇。这一景观被誉为中国四大自然奇观之一。

恰逢新春佳节到来之际，我国台湾地区台北市一家规划设计研究公司的董事长，偕夫人及主要部门领导到东北过新年，在大年初一这一天来到了吉林市。让大家兴奋的是，久而未见的雾凇在这一天挂满了枝头，大家高兴极了，拿起手中的照相机把这美丽的景观拍摄下来，成为永恒的记忆。下午，按照旅游团的安排，台湾游客在北山的雪场里玩雪圈、堆雪人、打雪滑梯。这些年近半百的游客像孩子一样玩儿得非常开心。

吉林市的行程结束了，当全陪小宋通知大家上车时，一位游客提出："宋小姐，我们来东北旅游非常开心，有一个小小的请求，不知道能不能帮我们办到。我们非常想到老百姓的家里去看一看，了解一下大陆普通居民的生活，行吗？"这个问题对于地陪小宋来讲，可是个难题了。因为从来没有客人提出过这样的要求，更何况，如果进入百姓家里，其家庭环境的好坏将直接影响到我们大陆居民的生活质量在台湾民众心目中的形象啊！如果回绝客人，大家一定非常扫兴。正在犹豫时，游客们连连的恳求声再次传了过来，无奈的小宋只能走一步看一步了。此时，车子正缓缓驶出北山后门，在路两侧就有许多的民居，小宋请司机师傅慢些开车，自己下车寻找合适的院落。可是，哪一家更适合呢？一扇天蓝色的大铁门进入了小宋的视线，只见这户人家，院内宽敞，两排气派的大瓦房很有气势。“就是这家了！”小宋示意司机师傅将车停下来，然后请游客们在车上等候，但是不管小宋怎么敲门，院子里始终没有人应声，只听到看门的家狗一直吠个不停。恰巧，邻居从此路过，小宋说明来意后，邻居主动打通了这户人家的电话，主人从屋里走了出来，非常热情地把团友们请进了院内。

一进屋，台湾游客和小宋都被眼前的一切惊呆了，屋子里干净、整齐，现代化的音响设备及家用电器一应俱全，仔细一问，原来这是一户穆斯林家庭，主要经营餐饮业，经济状况较好。老人也是个热心人，他把自己家里过年准备的小食品、水果等拿给台湾游客品尝，并为他们介绍东北的火炉、火炕。在正房外还有一口地窖，里面放着许多大白菜及土豆等冬储菜。台湾游客十分好奇地问老人，这些不会冻吗？老人给了相应的解释，客人们大长见识，可谓不虚此行。临别时，台湾游客和老人一一合影留念，一些客人还把名片送给老人，希望他有时间可以到台湾走一走，届时他们也会和老人家一样，热情地接待来自内地的他。最后，大家上车时，老人又非常热情地将两袋水果送到了旅游车上。这让台湾游客非常感动，领队先生从身上拿出一个红包，感谢老人的热情接待。

旅游车开动了，地陪小宋的心里甭提多高兴了，游客们都夸小宋能干，有求必应，让大家有缘结识了一位老人家，可以说：“千里情，导游牵”。大家表示今后有朋友到这里旅游还请小宋当地陪。

案例分析

随着我国经济建设的快速发展，许多外国游客及我国港澳台地区的旅游者选择到中国内陆旅游观光。他们中多数人都渴望对中国有一个真切的了解，想亲眼看一看我国的社会主义制度，了解一下在世界上人口最多的国家里人民的生活、工作状况；了解这个文明古国的文化。据有关部门对美国一个旅游团的调查表明：这个团队68人，平均年龄60岁，以中产阶级妇女为多数。此团50%以上的人认为，他们对中国最感兴趣的是“人”，想了解中国人的生活方式、爱好及兴趣。

在本案例中，台湾地区的游客们就存有这样的心理，对祖国大陆人们生活现状的了解，成为他们最想知道的内容。但由于行程中没有安排这一内容，他们在与地陪小宋沟通后，得到了导游的帮助，非常满意地参观了东北普通百姓的民居。通过此案例我们发现，小宋的安排虽然具有一定的偶然性，但是，他能从游客需求着手，尽自己最大努力来满足游客提出的合理要求，也体现了小宋的带团技巧。

导游人员在带领旅游团参观时，经常会有游客临时提出一些要求，针对这种情况，导游人员要进行区分。一般来讲，旅游者的个别要求分为以下三种类型：一种，是合理的，经过导游人员努力可以满足的要求；另一种，也是合理的，但由于种种原因不可能得到满足的要求；第三种，是不合理的要求，违反合同规定或不合情理，甚至是无理取闹的要求。针对不同类型的要求，我们可以按照不同的原则来处理，通常应做到以下几点：

（1）努力满足需要的原则。

（2）认真倾听、耐心解释的原则。

（3）尊重旅游者、不卑不亢的原则。

案例思考

你认为小宋在带领游客进入民居之前，需要向旅行社汇报吗？

4–5　一封感谢信

案例介绍

2004 年 10 月底，海南海王国际旅行社收到感谢信，全文如下：

海南海王国际旅行社有限公司：

我们是湖南省旅游局离退休老干部。于 2004 年 10 月 16 日至 10 月 20 日共 14 人自费参加海南环岛双飞 5 日游的活动。在整个行程中，为我们提供导游服务的，是贵社导游员钟 ×× 小姐。钟导的出色表现给我们留下深刻的印象，特此来信给予表扬。

首先，打动我们的是钟导的热情。无论何时何地，钟导对我们每一个人都是笑脸相迎，微笑服务，让我们在陌生的异乡如沐春风，心情无比舒畅、开朗。

其次，是钟导的专业。虽然在海南我们只停留了短短的 5 天时间，但是通过钟导详尽细致的介绍，我们不仅领略了美丽的海岛风光，更了解了不少新鲜有趣的民俗风情，让我们也深深爱上了这个神秘美丽的海岛。通过钟导的介绍，我们也看到了她对这块土地的深深的热爱，这种热爱也深深地打动了我们。作为海南十佳导游之一的钟导，尽职尽责地向每个来到海南的旅游者宣传、介绍她的故乡，这种专业、认真的精神十分可贵，也十分值得所有同行借鉴和学习。

最后，也是最为重要的一点，就是钟导的服务意识。钟导对我们老同志的照顾可以说是关怀备至、体贴入微。这种关怀深入了平常小事的每一处：行程的节奏快慢，饮食的口味分量，空调的强弱是否合适，以至行车时间长短是否增加了老同志的疲劳，等等，无一不是于细微之处见真情。钟导是认认真真地为老同志考虑，替我们操心，实实在在地关心每一个人。这是我们老同志都深受感动和感激的。这些感人的细节就像钟导所唱的山歌，“无论何时，再去回味都如同沁人的山泉，甜润人心”。

钟导是我们见过的导游中最优秀的一个。她为我们提供了如此优秀的服务，我们深表感谢！希望贵社能有更多像钟导一样优秀的导游，让更多的人认识海南、了解海南，更希望贵社能对钟导这样的优秀导游予以宣传和嘉奖！

湖南省旅游局老干部旅游团全体 14 名团员

2004 年 10 月 25 日

案例分析

一位美国旅游专家说：“一个好的导游员会带来一次愉快成功的旅行。”好的导游人员大多具有相似之处，比如：面带笑容、真诚待人；知识广博、讲解生动；服务周到、关怀游客……

老年人们对导游员钟小姐久久不能忘记，写来一封表扬信以肯定她的服务。这对每个导游员而言是最好的奖励。人们常说：“导游是游人之友。”其实，实现这一目标的前提，首先，要求导游人员自身具备较强的综合素质，在导游讲解及相关服务中，给游客留下一个难忘的印象。其次，要把握好服务的核心，就是游客的心理。本例中导游员小钟在服务中能够处处为老年人着想，服务周到，在细微之处见真情，让老人从心里感受到了一种无微不至的亲切感。可见，这种对导游员的真诚评价是小钟用真情换来的，值得所有的导游人员向她学习。

案例思考

导游员如何保持自己的服务热情?

4-6 不能说“不”

案例介绍

秋季的一天，北京导游员郭先生陪同一个10多人的美国旅游团去八达岭长城游览。大家在长城玩得很开心。下午参观完定陵后，有些客人提出要继续参观长陵。郭导告诉大家旅游计划中没有安排长陵，况且时间也不够用，所以不能满足大家的要求。但是客人听后，不以为然，仍坚持要去长陵，并讲自己另付门票也愿意去。经与司机商议后，郭先生同意了客人的要求。由于去游览长陵很晚才吃上晚饭，但那些客人没有怨言，仍要求在适当的时候再去慕田峪长城游览。这回郭先生有了上一次的经验，他想游客的心理就是想多参观一些有兴趣的景点，如果像上一次那样直接拒绝他们的要求，大家一定会不满意。于是，郭导对客人们说，可以和旅行社联系一下，尽量满足大家的要求。第二天，他对客人讲，已经与旅行社联系过了，由于旅游日程安排太紧，无法抽出时间去慕田峪长城游览，希望大家谅解。客人见他确实为此事尽了心，便没有坚持去慕田峪长城。

案例分析

在接待过程中，经常会遇到客人提出某些难以办到的要求。例如，客人在旅游旺季要购买去旅游热点的机（车）票，客人要求在短时间内去参观长距离的旅游景点，或者要求在不增加费用的情况下增加旅游项目等。遇到此类情况，导游员应该从游客的心理出发注意如下事项：

（1）不能直接说“不”，因为这很容易伤害客人的自尊心，会使他们感到你对工作不负责任。

（2）要表现出尽心的姿态，并通过行动让客人看到，你确实是在为他们提出的要求而努力。

（3）不能马上说不行，也不要急于解释为何办不行。因为，这样客人不但不会接受，甚至还会引起反感。

本案例中的郭先生在客人第一次提出要求时，就是因为急于向客人解释不能去长陵的原因而没能得到客人的理解。第二次客人要求去慕田峪时，他采取了积极的态度，让客人感到他确实为此事尽了力，终于得到了客人的理解。可见，只要通过努力，尽管事情没有办成，客人也是会理解的。事实证明，经过努力后的解释，不但不会引起客人的不满，还会赢得游客的信任。当然，对于客人提出的合理要求应尽力去帮助解决，而对不合理的要求则应说明原因或向旅行社汇报。无论如何，导游员要重视游客的要求，并对此作出积极的反应。

案例思考

针对本案例，你有更好的办法吗？

4–7 善意的“谎言”

案例介绍

2003 年夏天，北京导游员廖先生带着一个 10 人的加拿大旅游团在城内游览。当车子行驶到长安街时，一位客人指着街道上悬挂的彩旗询问，那些彩旗是欢迎何人的？廖先生因不知道那天有哪国的贵宾来访，此前又没有经过悬挂来访国国旗的地方，便说：“今天有一个从加拿大来的旅游团访问北京，这些彩旗是专门欢迎他们的。”大家先是一愣，然后恍然大悟，开怀大笑，纷纷鼓起掌来。

在去往颐和园的途中，一位游客嫌车速太慢，要求司机加速超车。廖先生连忙用手指着一位警察说：“那可不行，要是让警察看到了，不但要吊销司机的驾驶证，还要把他作为责任人带走，罚款。那么谁来给大家开车啊！”听完他的话，那位客人连连点头。

当旅游团在公园附近一家饭店吃晚饭时，司机师傅告诉廖先生，最近那里的治安不好，曾有旅游团放在汽车内的物品被盗，所以请客人下车时把自己的照相机带下去。廖先生想，直接告诉大家容易引起紧张情绪，而且有损首都的形象。于是他对客人们说：“今天我们要在一个景致优美的公园旁吃晚饭，吃完饭司机师傅还要去加点汽油，我们可以利用这段时间拍拍照。”听他一说，大家连忙拿起了准备留在车上的照相机。

案例分析

本案例中的导游人员在服务过程中，能够很好地揣测游客心理，在回答客人的提问时，机敏而风趣的回答使游客拍手称快。在旅游中，许多导游员为了更好地完成任务，满足游客求知的心理，接待过程中可能都曾经有过说上几句善意“谎言”的经历。其实这种过程有时还会产生一些意想不到的效果，使事情更容易处理。因为使用这种技巧的目的，不是为了欺骗客人，就像不能直接告诉重病人真实病情一样，是为了减轻客人的心理负担和不必要的纠纷。当遇到客人的某些要求不能满足又不好讲明原因时，最好使用这种方法，并在使用时注意技巧，必要时还要加上一些幽默的语言。例如，当外国游客要求到一些不开放的单位参观时，你如果告诉他们真正的原因，很可能伤害其自尊心，而以内部维修或公务繁忙为由，则容易得到他们的理解。总之，不能用简单的否定词来拒绝客人。

案例思考

导游员在带团时偶尔使用“善意”的谎言可行吗?

4-8　游客避海　新加坡主推内陆游

案例介绍

2004年12月26日，当地时间上午10:00多，巨大的海啸袭击了泰国普吉岛。因为受海啸灾害的影响，东南亚旅游线全线滑坡。虽然海啸影响的地区只是有限的，像新加坡及其圣淘沙、民丹岛及东马的沙巴等都未受到影响，但望海生畏的游客还是止住了出行的脚步。为此，新加坡国家旅游局开始主推内陆城市游，试图吸引那些对海避之不及的游客，此举得到了苏州人的响应。

新加坡的地接导游员非常诚恳地对从苏州来此观光游览的客人说："我代表热情好客的新加坡人民，对大家在'非常'时期来新加坡旅游表示欢迎和感谢。我们在春节前半个月，就开始为苏州游客准备了丰富多彩的节目和活动。很多旅游项目都是集中在内陆地区，如'牛车水农历新年亮灯仪式'、'春到河畔迎新年'、'乌节路的奇思梦想妆艺大游行'等，都是集中在市区；'2005年圣淘沙花卉节'、'莱佛士城购物中心表演'、'裕廊飞禽公园'、'新加坡动物园'、'亚洲文明博物馆新春庆典'、'滨海艺术中心华艺节'等，也都远离海岛。所以，我们真诚地希望大家把您的'心'放心地交给我，我会让大家的新加坡之行，永远难忘。"

案例分析

美国人本主义心理学家亚伯拉罕·马斯洛（Abraham Maslow，1908–1970）于1943年提出了著名的“需要层次论”。马斯洛将人的需要分为五个层次，即生理需要、安全需要、归属与爱的需要、尊重的需要、自我实现的需要。在本案例中，新加坡地接导游人员能从游客的心理需求出发，突出“安全性”，使人们感受到了一种“保障”，也为接下来的旅游活动打下了一个安全的基础。

东南亚国家历来是中国公民出境游的重点地区。不幸的是，2004年12月26日，印尼等国遭遇特大地震和海啸灾害，造成数十万人伤亡，旅游设施损毁严重。为了更好地为出境旅游的游客提供出行参考，从“以人为本”的考虑出发，清华大学国际问题研究所，建立了一套评估旅游安全的指标体系。该指标体系从中外政治关系、宗教和文化、安全形势、交通状况和自然灾害（包括医疗卫生条件）等5个方面对目的地国（地区）的旅游安全状况进行综合评估。其主要目的，就是为了保障人们出行的安全性，满足人们的心理需要，使旅游活动真正做到“高兴出门、满意而归”。

案例思考

假如你是海啸事件的亲历者，作为领队你会如何安抚游客不安的情绪？

4–9 自命不凡的游客

案例介绍

假日旅行社的“散客天天接”活动深受游客的欢迎。中秋节这一天,“假日之旅”又推出了一项“农家采摘”一日游,报名非常踊跃。旅行社的李总把 34 位散客交给了“多面手”导游员张强来接待。

张强拿着任务书，看了一下游客的信息，发现这团客人都是散客报名拼到一起的，各行各业、干什么的都有。集合的时间到了，三十几位游客准时到达，可是马上要开车了，还是有两位客人没到，张强马上打电话，可电话那边的音乐彩铃唱个不停就是无人接听，大家也急了。此时，两位穿着时尚，看起来是一对夫妇模样的中年人上了旅游车。两人上车后，一看只剩后排的位置了，马上找到导游员，很不高兴地说:“导游，怎么搞的，我告诉你们经理给我留两个前排的位置，怎么说了不算啊？你让我们坐哪儿啊！”张强见状，马上回答:“真不好意思先生，车上的座位都是按上车先后顺序排的，您来得晚了点儿，这样吧！回程的时候大家换一换，您看行吗？”

一听导游说到“来得晚了点儿”，旁边的夫人不乐意了，“谁晚了？导游，你看看表，才到时间嘛！我们是严格遵守时间的人。时间对我们就是金钱，你怎么不说是别人来早了！”张强一看，这对夫妻目中无人、自高自大，可也不能为此而耽误行程啊，于是，马上说:“真对不起！这样，您二位先坐下，咱们回来的时候调整一下。”车上的游客也开始小声议论起来，夫妇二人见大家有了反应，不再和张强辩解，旅游车终于开动了。

到了采摘园，大家呼吸着郊外的清新空气，陶醉在大自然的美景当中。在采摘园里，许多客人都品尝着没有污染的环保水果和农家特产，一旁的这对夫妻把苹果拿到手里，掂了一下说："你们这果园的苹果太一般了，我去年到英国旅游，你们这里的苹果跟人家没法儿比！"果农一听，心里虽然不太高兴，但一看两人的架势，八成是个"自命不凡"的主儿，也便一笑了之了。

返程途中为了不让张强为难，坐在前排的两位大学生把位子让了出来，但这对傲慢夫妻却无任何感激之意。车上的游客议论纷纷。张强回到旅行社后，在自己的带团日记上写下了一行字："遇到自高自大的游客怎么办？"

案例分析

在本案中，我们看到的这对争座儿夫妻的最大特点是好摆架子。这类游客在旅途中会经常为表现自己而反驳导游员及其他人的观点和意见，同时又不断吹嘘自己，影响旅游团内的和谐和工作。在个别游客真的摆架子，表现出一种莫名其妙的虚荣心时，导游员最好的办法，首先是让其充分表现，之后再以诚恳谦虚的态度加以耐心说服，一定要绝对避免与其"冲撞"，处理问题要幽默，不能直截了当。只有这样，才能既照顾游客的面子，又能顾全大局，保证旅游活动顺利进行下去。其次，导游员也可以满足游客的虚荣心，他要吹嘘自己，那就让他吹足吹够，在他吹嘘的同时，导游员可以顺水推舟，必要时附和几句，微微点头。等他讲完了、说够了，自己的虚荣心也得到了满足时，导游员再巧妙地让他变成听讲者，并设法让其附和自己的观点和意见。

案例思考

如果游客瞧不起导游员、不配合导游员，你该怎么办？

4-10 心理暗示出的错

案例介绍

春节将近，东北地区的旅游旺季也到了，某旅行社通过公开招聘，培训了一批新导游员。为了保证新导游的接待质量，旅行社安排大家跟随老导游实习一个月。小李经过一系列培训合格后，终于拿着心爱的导游旗上团了。当她把游客引导上旅游车，介绍自己与司机后，就开始按旅游车经过的路线，详细地介绍起沿途的景观来。可是，渐渐地，她的言语就不那么流畅了，渐渐地变得结结巴巴的，到最后，竟然语无伦次了。当旅游团队抵达饭店后，领队马上把电话打给了地接旅行社的经理，要求换人。为了旅行社的声誉，经理把小李换了下来。

回到旅行社，经理问小李："你是怎么搞的？培训时的成绩最好，跟团实习的时候，表现也不错，怎么自己刚一上团，就让领队给投诉了？"小李边哭边说："主要是我越讲越害怕，说话结结巴巴。""害怕？这就奇怪了！当导游员都有第一次独立带团的经历，如果人人害怕，游客上哪儿找导游啊！关键是你怕什么呢？"小李回答道："一开始的时候，应该说一切正常。后来我发现，客人的眼睛都怪怪地看着我。不是直愣愣地看着，而是在我身上扫来扫去。当时我想，是我的化妆有问题，还是衣服穿得不整齐，趁客人朝车窗外面看的时候，我偷偷地打量了一下自己，也没发现有什么问题。但是，客人还是那样用眼睛在我身上扫过来、扫过去。我想，肯定是我什么地方出了差错被客人发现了，出于礼貌，他们没有嘲笑我。但是，他们肯定觉得很奇怪，所以就用眼睛在我身上扫来扫去……我越想心里越乱、越想越害怕，就不知道嘴里在说些什么了。”

听了小李说的这些情况，经理无可奈何地说：“这是你心理暗示出的错。问题在你自己身上不错，就是太不自信了。游客用眼睛看着你，是对导游讲解内容的渴求，也是对你的一种尊重。看来，你还得实习一段时间才能独立上团啊。”小李点点头，又低下了头。

案例分析

小李作为新导游刚刚上团，有一种急迫的心理，就是希望自己的初次讲解能够获得游客的认可。但是“欲速则不达”。小李在讲解中发现，几乎所有游客的目光都集中到自己身上。误以为游客这样看她一定是发现了自己的什么“差错”。所以，把本来非常熟悉的讲解内容讲得结结巴巴。这使得领队先生误以为小李根本不具备接团的能力，进而向旅行社经理提出了更换导游的要求。

一般来讲，如果游客不愿意听导游员的讲解，常常表现为眼睛直愣愣地看着你，而心里却在想别的事，或者东张西望、或者看着窗外、或者唧唧喳喳地说个不停、或者提出一些与讲解毫不相干的问题、或者干脆闭上眼睛睡觉。本案例中小李之所以自己吓了自己，是因为小李对人的视觉感知活动缺乏了解。眼睛是人们极为重要的感觉器官。当人们感知他人时，不是一下子把对方的所有信息全都摄入脑海，而是一部分一部分地摄取，然后再加以整合，使之成为较为完整的感知。可见，小李的心理暗示是错误的，致使第一次带团没有完成任务。不过，旅行社经理并没有怪罪于她，而是让她再实习一段时间，争取早日独立接团。

案例思考

如果你也是位新导游，请谈一谈第一次上团是什么感受？

4–11　做导游之前要有心理准备

案例介绍

在导游人员资格考试培训的教室里，几百个位置座无虚席，培训老师王教授笑着说："这么多的同学都要当导游啊！是不是因为导游员可以游山涉水不花钱，白吃白喝还挣钱啊！"全场哄堂大笑，几乎异口同声地说："是。"这个回答让王教授非常感慨。他接着问道："在座的各位年轻人一看就是愿意赶时髦，很羡慕导游工作，觉得这是件美差，可你们有没有人知道，导游员也要付出许多辛苦的？"同学们都无语了。

"其实，导游这一行，真的是个挺累人的行当。大家伙'不做不知道，一做吓一跳'。有这么句顺口溜是描写导游生活的，'导游苦，冬生冻疮夏中暑；导游累，最早起床最晚睡；导游愁，无休无止交人头；导游气，无人喝彩干着急。"王教授话语一落，教室里没有了笑声，大家前后交流起来。此时，一位女同学举手示意要发言。王教授请她站起来讲话。这位女同学说："王老师，我们非常感谢您告诉我们导游这一行业的真实情况，事实也许真的没有我们想象的那么完美，可是我们还是想让您引领我们走近它，通过亲身感受来证明我们自身的价值。”女同学的发言过后，掌声又一次响起。王教授被年轻人的热情所打动。他郑重地翻开了第一页，讲述第一节——什么是“旅游”。

案例分析

本例是一个真实的场景。导游资格培训工作近些年来取得了很大的成绩。许多学员也走上了导游工作岗位，案例中所描述听课的场景，也许会让许多人产生一种“似曾相识”的感觉。王教授的一席话，也表达出旅游教育工作者的心声。

从事导游服务行业仅有热情和激情是不够的，还必须要做好充分的心理准备。其具体表现为：

(1) 准备面临艰苦复杂的工作。导游人员在接团时，要有充分的面临艰苦复杂工作的心理准备。不能只考虑到按正规的工作程序要求，为旅游者提供热情服务，还要有遇到问题、发生事故时应如何面对和妥善处理的思想准备。有了这些方面的准备，导游员就不会遇事发慌，即使遇到突发事件也能妥善、迅速地予以处理。

(2) 准备承受抱怨和投诉。导游工作手续繁杂，工作量很大。有时导游人员虽然已经尽其所能热情地为旅游者服务，但还是会遇到一些旅游者的抱怨、指责，甚至投诉。因此，导游员在上团之前，一定要有足够的心理准备，要冷静、沉着地面对各种问题，为游客提供优质服务。

案例思考

看过上述案例，你对从事导游这一行业仍旧充满信心吗？

4-12 被地陪感动的领队

案例介绍

初春的哈尔滨街头上，爱美的女孩早已换上了漂亮的春装。可是，冷空气的突然降临，让到此旅游的南方游客冷得不得了。导游员虽然是北方人，并且长袖 T 恤外配一件单服，看上去比车里的客人暖和了许多，但是对于突然而至的“寒冷”也有些不太适应。领队吴女士坐在车子的前排。冷得快说不出话的她，示意司机师傅将车内的暖风打开。看到领队吴女士双手抱在胸前，导游员将自己身上的单衣脱下来，披在了她的身上。这件衣服犹如“雪中送炭”，来得非常及时。领队看到导游的身上也非常单薄，马上又将衣服还了回去。可是小导游笑着说：“我们北方女孩子习惯冬天了，穿得少一点也不会很冷，这也叫‘美丽冻人’嘛！”接着一路上对于精彩的介绍和自费景点的推荐，领队的态度都非常的积极，还主动帮助导游员做游客的工作，希望大家都去看看这里的风景。在吴女士的大力配合下，全团游客都参加了自费项目。自费项目结束后，领队在游客意见单上写下 9 个字：很好！相当好！非常满意！

案例分析

一名合格的导游人员，在对客服务中不能单纯地为游客提供旅游服务，还须根据游客的背景及个性，有针对性地进行导游服务。

同时，为了使导游工作取得良好的服务成效，也需要运用心理学的基本原理去研究游客心理及其基本规律。这对导游工作服务质量的提高具有决定性的作用。

许多在导游岗位上工作多年的老导游经常会感叹，当导游的日子久了，工作没有了热情，连收益也大不如前了。其实，导游人员在服务过程中，若想得到游客的认可，最为有效的途径，就是用自己的行为来温暖游客的心，拉近彼此的距离。在本案例中，导游员的一个不经意的举动，却打动了领队吴女士的心。一件衣服换来的不仅仅是对导游员的高度评价，还有对其工作的大力支持。可见，导游员应该学会如何与游客“心灵相通”，只要能够想游客之所想，急游客之所急，导游投诉事件也许就不会再发生了。

案例思考

吴女士对导游工作的大力支持说明了什么？

4–13 教授“教”说话

案例介绍

老教授合唱团的游客在经过5个小时的车程后，终于在晚上7:00到达了美丽的西子湖畔——杭州。一路下来，老人们早已是饥肠辘辘了，全陪导游员小何一边安排房间，一边到餐厅里催促上菜。看到客人的晚餐上得较快，他松了一口气。这一组游客都是大学的教授，文化层次较高，但也喜欢挑剔。就拿昨天来说吧，上海的午餐质量还是不错的，可是一位王教授把全陪小何叫到身边说："小何，能不能让菜量多一点儿？这家餐厅做事情怎么这么小气，这点菜怎么够大家吃啊！"小何看了一下餐桌上的菜量，想尽量解释一下，于是说："大家可能都知道，我们国家的菜分为四大菜系，口味和做法也各有特色。这上海菜的特点就是讲究精和细，贵不在多而是在于精。"话还没讲完，王教授当时就火了："小何，你是不是我们的导游，是不是全陪，怎么说话呢？向着谁呢？上海导游给了你什么好处，你还向着他们说话。"小何十分难堪，立刻补充道："我的意思是，大家放心，别管菜盘大小，一定会让大家吃饱。"王教授说："你说话有毛病。应该说：'大家放心吃，一定会让大家吃饱，然后，你再介绍上海菜。"

小何这时真的无言以对了。他一边走一边自嘲地唱道："教授的心思你别猜、你别猜，你猜来猜去也猜不明白。"

案例分析

在本例中，王教授属于争辩激动型的游客，处世好胜心强，无论什么问题和事情，都要提出异议和反驳，并且非要争个高低，不达目的誓不罢休。在与别人争论时又往往显得很激动，脸色较难看，说话声音又大、又快。激动时难免出言不逊，经常伤害别人的感情，往往搞得不欢而散。

导游员接待此类游客要有充分的思想准备，注意与游客建立良好关系。在与此类游客打交道的过程中，要注意保持头脑冷静，不要伤害他，始终保持一定的交往距离。游客与你争辩或情绪激动时，要克制自己不能冲动，而且要面带微笑，等到游客停下来以后，再慢慢地进行诱导。当然，在诱导过程中，一要态度和气；二要说话论据充足，论证要正确合理；三要速战速决，不拖泥带水，防止再度引发新一轮的争辩；四要给游客留面子，不伤和气和感情。

案例思考

何导在向王教授解释上海菜的特点时有何不妥之处吗?

4-14 律师的“嘴”

案例介绍

郑×是位律师，春节期间陪同家人到湖南旅游。在旅游活动中，也许是职业习惯的原因，每每导游员和司机小声说话或避开游客交流时，他就会向旅游车上的其他游客说：“看看，他们又开始设计咱们了。”大家听后，常常发出一阵笑声。

一日下午，导游员小王打算和司机商量一下行车线路，因为金鹰电视节在今天晚上正式拉开大幕，长沙市内相关主要街道会被临时禁行。正在两个人研究线路时，郑×的想象力又开始发挥了。虽然这次游客反应并不大，但却被小王和司机听见了，故而大为不快。游客们看导游员有些生气，于是劝说的、调解的纷纷上阵。最后，郑×十分不好意思地走到车前向导游员和司机致歉，此事才算告一段落。

案例分析

郑×是位律师，平时经常为别人辩护，也是伶牙俐齿。但职业习惯也使他对导游员和司机的谈话生疑。虽然郑×的行为对旅游团队并未造成什么大的不良影响，但如果导游员不加注意或不认真对待，也会给游程带来一定的麻烦，正如小王和司机的境遇。

如何与郑 × 这样的游客相处呢？首先，当导游员发现旅游团中有这种类型的游客时，要做到心中有数，与这样的游客打交道，有必要谨慎对待，尽量将导游服务工作做细、做好。与其交流时，态度要诚恳，有信心、有把握。其次，要严格按照旅游接待计划安排活动，无特殊情况，不随意改动旅游节目，即使需要调整，事先也必须清楚、主动地交代给游客，要给游客一种可以信赖的感觉。

案例思考

个别游客多疑会对其他游客造成什么样的不良影响？

4–15　教师团受冷遇

案例介绍

为了表彰在高考中付出辛勤汗水的高三年级全体教师，育人高中决定组织大家到港澳旅游。办公室王老师连续走了几家旅行社，都被告之要比常规价格增加 800 元～ 1000 元不等的费用。问其原因，旅行社接待人员毫不隐晦地说：主要因为游客的身份是教师。接待教师团往往最容易被投诉。由于教师的知识水平普遍偏高，使得大家在购物方面比较“理智”，而对旅行社的服务质量又爱“较真”。“你想想啊，教师知识丰富，导游员或司机哪一句话说不对了就有可能砸团。在港澳地区导游带团主要是靠购物佣金，如果教师团不购物，他们的‘人头费’挣不回来，带团就成了赔本的买卖。”接待人员还举了一个例子：“有一次，我们社一位导游员在旅游车上讲解时，有位教中文的教师，给导游员数着一分钟讲了多少个字，并告诉他语速过快，需要改正一下。”听了接待人员的介绍后，王老师从旅行社走了出来。一路上她思考着一个问题：“为什么旅游行业会对教师存在这么多的偏见呢？看来，想让高三的老师去旅游还真成了难题！”

案例分析

王老师在旅行社的遭遇是许多教师常常遇到的尴尬。与教师一同被打上“购物理性、消费能力低”烙印的还有记者、老人、小孩等群体。固然，教师由于长期的职业习惯，容易“挑剔”服务，购物“节俭”。但是，旅游服务行业也应多从自身服务上找找症结，反思一下，是哪些地方做得不足，导致了投诉和客人的不满。我国的教师队伍非常庞大，随着教师福利待遇的日益提高，许多教师已成为旅游消费的主体之一，加之教师每年有两个固定的假期，这一市场的潜力是巨大的。

目前，人们对教师团队的“反感”和“怨言”很多，大多出自导游员带团后的体会交流。要想改变这种印象，除了教师团队自身要加强管理外，导游员也要从以下几个方面着手改进工作：

（1）加强自身修养，注重知识的积累。

（2）不要带着对“教师团”队的偏见进行导游服务。

（3）要摆正自己的位置，改善服务心理和讲解态度，尊重教师。

（4）进一步学习和完善导游接待技巧。

案例思考

请谈一谈你对接待教师团有何好的方法。

4–16 我的座位被占了

案例介绍

全陪小越带团去河北旅游，下火车后换乘旅行社安排的旅游汽车。每位登上汽车的游客都选择了自己中意的座位，一天下来平安无事，可第二天就出问题啦！早晨集合时，整个团的游客除了一位 60 岁左右的老婆婆外，全都坐好了。小越问老婆婆为何不上车，大妈很不高兴地说："我不能坐在车后边，昨天的位子在前排还好，可今天上车动作慢了点，那个位子被一位年轻人占了。我想让小伙子坐回原先的位置，可那位小伙子就是不让位。他说导游员又没说要坐回自己原来的位置，他喜欢坐哪儿就坐哪儿。大家花一样的钱来旅游，为什么他就必须坐在后面？"

老婆婆说完这段话后，还补充了一句："小越，你是导游员应该把工作做到前面，为什么不讲应该怎么就座呢？"小越十分为难地回到了旅游车上，将老婆婆的情况说明了一下，并向各位客人致歉。小越说："我工作没做细，希望大家下次乘车还按现在的座次坐好。同时，也希望年轻人多发扬点风格，尽量照顾一下老人和小朋友，让他们坐在前排。"最后还是另一位团友让出自己的位子给了老婆婆，团队的行程才得以进行下去。

案例分析

在本例中，导游员的确在工作中有疏漏，从而导致了本不该发生的纠纷。大多数出行者，尤其是一些年纪大些的老年游客有“受重视”的心理，希望导游员和周围的人都在意自己的感受。因此，导游员应做到以下几点：

（1）尊重游客，将准备工作做好，提前告之出行注意事项，以减少不必要的麻烦。

（2）经常询问游客感受，与其多沟通、多交流，及时弥补工作中的不足。

（3）在导游服务过程中要一视同仁，不可顾此失彼。

一般来讲，游客在参加旅游活动之前，对导游员和司机甚至旅游团的其他游客，都有一种直觉的想象和判断，期望可以享用旅行社提供的优质服务以达到自己的出游目的。这是一种期待，而当旅游活动正式开始时，旅游者又会根据自己接触到的服务来进行比较，一旦事实与期待产生差异，旅游者就会感到不受“重视”，被人忽略。本例中老婆婆的心理就是这样，所以，导游员应多掌握游客心理，提供贴心服务，尽力使游客满意而归。

案例思考

你怎样看待本例中不让座男青年的行为？

4–17 从众心理

案例介绍

2006 年 8 月 21 日，25 位中国游客在旅行社的安排下，准备飞往克里特岛，在马上要办理登机手续时，遇到了一件意外的事儿。一名法国游客拒绝登机。他十分肯定地说："这架飞机上周曾作过紧急迫降，现在看上去依然破破烂烂，我可不想拿生命开玩笑。"

事情是有起因的，最近两个月，一些航空公司相继出现恶性空难事故，也许是心理原因，乘客们非常谨慎。中国游客见此情景，马上叫来领队郭先生，有人提出改乘其他航班或取消乘机。由于中国游客的意外恐慌，其他航班的乘客也开始担心起来，整个机场的候机大厅里乱成一团，场面一时间无法控制。此时，领队郭先生立即与机场工作人员和当地旅行社取得联系，拿来了旅行社持有的文件，证明飞机可以飞行，可是中国游客仍不相信，拒绝登机。最后，航空公司也拿出了符合规定的相关文件。在国外，质量体系认证工作是件非常严肃的事情，相关文件具有一定的权威性，许多外国乘客在事实面前看到，航空公司的文件齐全，即使投诉可能也是无效，因此，最终还是上了这架飞机。领队郭先生看到多数客人已经登上飞机后，开始征询本团游客的意见，也许是因"随大流"的心理，中国游客也不再坚持，登上了飞机。后来，游客发现，飞机上一些座位没有安全带，顶上漏水、有油迹。尽管机舱内存有让游客惊恐的迹象，但大家还是在忐忑不安中平安到达了目的地。

案例分析

安全是每位游客最基本的需要，在本案例中，领队在关键时刻采取以“事实”为依据的方法来劝导大家登机，因游客的抵制而失败。当部分外国乘客陆续登机时，中国游客选择了与大多数客人一致的行为，即俗话所说的“随大流”。

郭先生在提醒游客外国乘客已经登机时，并未采取强制性手段，而是征询，给了中国游客极大的自主权和选择权，但产生效果的是群众的同化力。这种力量来自于无形，也是一种明哲保身的动机。应该说，人类的自我保护本能使得人们有害怕脱离主流的恐惧，为使自己不被孤立，往往具有“从众心理”。这种心理策略也可以提示导游服务人员，当处理一些纠纷或事件时，借鉴这种方式可以起到事半功倍的效果。

案例思考

如何理解“从众心理”？

4-18　“墨米”竟是“药米”

案例介绍

一次，香港旅游团在广西桂林旅游，中午山区小饭店供应乌黑的墨米饭，吃惯了白米饭的游客，见此米饭既好奇又胆怯，不知此为何物？导游员热情地说：大家吃吧，这叫墨米，是广西河池地区东兰县的特产，为什么呈黑色呢？据民间传说：有一年天大旱，东兰附近的红水河也断流了，方圆数百里田地龟裂、禾苗枯死，有一位老汉的地里侥幸剩下一株禾苗还活着。为救活这株禾苗，老汉爬了九重山，走过 16 个村庄，还是不见水的踪影，没办法，只好忍痛割断自己的手指，用鲜血浇灌禾苗。说来也奇怪，禾苗得了血的滋润，居然长得很茁壮，结出一串颗粒饱满的稻穗，老汉因流血过多而死去。乡亲们把这唯一的稻穗保存下来，翌年春天用它播种，得到的稻米颜色竟然是墨黑色，用墨米煮成的饭，香气扑鼻。常吃墨米，对慢性肝炎、胃炎、贫血等症具有一定疗效，故有“药米”之称。通过导游介绍了墨米的神话故事，顿时使游客情绪活跃起来，团内几位港台老太太纷纷要求购买带回去，让家人共享口福。

案例分析

习惯了以往的生活方式和饮食习惯，游客们对黑色的米饭产生了好奇心。许多人不敢品尝，不仅仅是因为从未吃过，还有心理上的“不认同”。认为平时吃的都是白米饭，这里的墨米饭是山区人的食物还是特色？许多人在心理上都有些顾虑，吃不吃，怎么吃呢？此时，导游看出了游客的心思，将自己所了解到的小典故娓娓道来，不仅充分满足了游客的好奇心，让游客了解到了墨米的特色，即不仅香味绵长而且具有食疗价值。从而使游客连连称奇，不仅不予拒绝，反而竞相购买。

所以，要想满足游客的好奇心，导游员应具备以下条件：

(1) 知识丰富、头脑充实。

(2) 语言富有感染力和影响力。

(3) 能够对游客“鉴貌辨色”。

(4) 具有一定的应变能力。

案例思考

试分析“好奇心”强的游客有什么特点？

4-19 难忘中国之行

案例介绍

意大利国家歌剧院的演员一行来中国巡回演出，在近半个月的时间里，从北京到上海、从上海到广州，所到之处受到了中国人民的热烈欢迎，不仅演出非常成功，也让中国的艺术爱好者欣赏到了世界顶级艺术家的精彩表演。

演员们一行所到之处，除了正常的演出活动外，也在旅行社的安排下到各处游览和参观。许多意大利艺术家被中国悠久的历史和文化所吸引。当然，在欣赏美景之余美食是必不可少的。一路下来，歌剧院的演员们品尝到了各地独具风格的菜肴。从意大利一路陪同至中国的领队瓦格，可谓是这些艺术家的"中国旅游指南"，瓦格是地道的意大利人，曾在中国留学两年，普通话说得不错，对中国的风土人情也比较了解。所以，在他的引导下，艺术家们的中国之行显得格外顺畅。

广州市演出结束后，歌剧院演员们调整一天后就要离开中国了。有一位演员找到了领队，对瓦格说："我的朋友，有个小小的建议，能不能为我们安排一顿意大利餐，我们的肚子有些想家了。""是啊，我的肚子也想家了，我会安排的。"瓦格答道。

第二天，在登机前的最后一餐，旅行社将大家安排在了广州市一位意大利厨师开的西餐厅里。艺术家们在西餐厅品味着地道的意大利餐，看着窗外中国式的建筑和黄皮肤的中国人，临行前的不舍在眼神中不经意地流露出来。

案例分析

在本案例中，意大利游客在中国的演出获得了成功。艺术家们也在演出之余欣赏到了中国的美景，品尝到了中国的美味佳肴。可是美味的意大利菜也让这些艺术家们倍感亲切。当一位演员向瓦格提出这一请求时，瓦格意识到，虽然艺术家们对整个游程的安排都非常满意，但他却忽视了大家会产生"饮食疲劳"。因此，在行程的最后一天，一餐地道的意大利菜，让所有人的胃口都有了"归属感"。

其实，意大利客人对家乡菜的思念，也是心理作用的反应。通常，当人们即将结束一段异地的访问或旅行时，心里对家的渴望情绪会突然高涨，对原来熟悉的环境、熟悉的人会更加的想念，希望能够回到原来的状态。而这一阶段对导游员来讲，也是最好的服务弥补阶段。如瓦格在艺术家的提醒下，为全体演员安排了一顿正宗的意大利餐，让许多人心情感到舒畅。可见，掌握不同阶段旅游者的心理变化，对导游工作可以起到辅助作用。

案例思考

如果想在临行前给意大利艺术家一个惊喜，你会如何安排最后一餐，并说明理由？

4–20 当游客遇到“挫折”时

案例介绍

暑期即将来临，许多大学院内都张贴着一些旅行社针对大学生推出的各式各样的旅游产品。经过调查，最受推崇的竟是“户外探险旅游”。209 寝室的 4 位男同学到旅行社报了名，考试一结束，他们就和其他团员一同踏上了去往石砬山风景区的游程，在那里一场考验团员胆识、勇气和毅力的比赛即将展开。户外领队讲了许多探险时的注意事项，而且再三叮嘱，力不从心者一定不要勉强自己，如感到不适，一定要马上与领队取得联系。在报名时，同学们都在个人简介里填写了相关信息，借鉴这些信息和团员个人身体素质等情况，领队将所有的团员分成两个小组，并以比赛方式展开“较量”。209 寝室的 4 位同学仍然是一个团体，他们又可以并肩作战了。

由于地势复杂、体能消耗过大等诸多因素，让 4 位同学不仅落在了队伍的最后，而且也影响了团队的成绩。在中途休息时，大家决定放弃比赛，以闲游的方式完成下面的行程。领队了解了大家的身体状况，发现他们中断比赛并非由于健康原因所致，故力劝大家只要坚持不懈，就一定会取得胜利。4 位同学在领队的激励下，重新踏上了征途，可是比赛结果仍以失败告终。4 位血气方刚的小伙子一下子成了漏气的皮球，一种从未感受过的挫折感使他们低下了头，叹着气，一脸的愁云。

领队、团员还有景区的工作人员看到此情景，都觉得几个年轻学生还挺有骨气的，自尊心很强。于是，大家都上来安慰他们。这几位同学十分感动。

案例分析

本案例中，4 位大学生在“比赛”刚刚开始不久，因体能及地势等原因要退出比赛时，在领队激励下他们虽然坚持走完了全程，但最终还是输给了另一组团员。这让同学们的挫折感十分强烈，情绪变得非常低落。此时，团队游客和领队的安慰成了最有效的“心理治疗”。

目前，随着旅游的个性化发展，传统旅游已经不能满足人们的需求，探险旅游已为越来越多的人所喜爱，渐成年轻人热捧的时尚运动之一。人们选择探险旅游，主要是为了获得精神上的收获，包括对未知的探索、与大自然的交流、意志的磨炼、对日常平庸生活的超越、精神视野的拓宽等。但也应该认识到探险并不是检验意志或者培养意志的最好手段。许多人在这种冒险中失败后，不仅未能达到出行前锻炼意志的预期，反而变得意志消沉。如何劝导受挫折的游客呢？本案例中从团员、领队至景区员工的积极安慰和关心，会让他们重新找到自信；还可以采取精神发泄的方法，如让挫折感较强的游客在一个音乐回绕的空间里放松；也可以采取一些积极的方式，主动和他们谈心，分析在活动中失利的原因。

随着我国旅游业的不断发展，如能积极主动地对待每一位游客，从心理上去关怀他们，实现人性化服务，旅游业的空间会越走越宽广。正如一句俗语所说："心有多大，舞台就有多大。"

案例思考

4位大学生为什么会情绪低落？

4-21 郑老师有感

案例介绍

大学新生入学的那天，校园里所有的社团都加入了迎新的行列，最受同学们欢迎的就是旅游协会了，报名参加的同学非常踊跃。陈同学是旅游协会的组织者，在学校团委的大力支持下，在军训前，学校将带领旅游协会的会员车游这个城市。

这一天很快到了，大学生们个个精神焕发，不仅是因为从高中生到大学生这一角色转换的兴奋，还有对今天出游的欣喜。只见同学们大多休闲打扮，耳听MP3、MP4者不在少数，还有的同学手拿DV机和数码相机。这让团委的郑老师非常感慨，生活好了，学生们的装备看起来比他上大学的时候要好上几十倍了。

在一路的游览中，同学们对陌生城市的新奇和兴趣越来越浓重。陈同学担当了车上向导。虽然他并不是专业的导游，在讲解的时候还有些紧张，甚至有时因说错话还会让同学们笑声一片。不过这些丝毫没有影响同学们的热情。午餐时间到了，由于学校经费有限，没有统一安排，约定好下午的集合时间后，大家自由活动。同学们的下车地点是在该市最繁华的步行街，商家林立两侧，细心的郑老师发现许多同学选择走进了“洋餐厅”——肯德基或麦当劳。这恐怕也是新时代年轻人的一种时尚吧！

两个小时后，几乎没有同学空手而归，有人选购了服装、有人选购了生活用品，还有人带了几大包的美味。也许是学生工作做得过久，让郑老师又感叹起来，“花的都是父母的血汗钱啊！”

回程的时候，郑老师安排同学们在车前自我展示，表演才艺。大家非常积极踊跃。容易感慨的郑老师说：“年轻真好！”

案例分析

大学校园的青年学生被人们称之为“新新人类”。这些青年人也将成为旅游活动的主力军。在许多人眼中，他们走在了时尚的前沿，而且感觉敏锐、富于幻想、勇于创新。在本例中，从组织者到参观者都非常重视，同学们的穿着及随身用品也表现出了年轻人对个性和新鲜事物的追求。在午餐时间，几乎是不约而同地对知名“洋快餐”的选择，再次体现了年轻人对环境、气氛的需求。

因此，在为青年学生进行服务时，导游人员应注意以下几点：

(1) 导游讲解要生动、时尚。旅游活动本身就是一种时尚的消费行为，对青年人具有很大的吸引力。但是，旅游活动的推出，要讲究内容的不断丰富和形式的花样翻新，符合年轻人的需求，讲解不能过于呆板和程式化。

(2) 适时创造展示自我的机会。导游员对青年学生提供旅游参考时，应尽量安排参与性较强的活动，使年轻人喜欢彰显个性的心理需求，有一个得以释放的空间。

（3）引导消费观念，促成消费行为。青年学生消费欲望强烈，冲动性购买行为比较普遍，易受感觉和外界刺激的影响，节俭意识不强，正确引导他们的消费观念，会促进其积极消费行为的发生。

案例思考

如何成为受年轻人欢迎的导游员？

4–22 精打细算的游客

案例介绍

“再便宜点，我们大家都会买你的，做生意嘛不要这样小气！老板，50 块钱两包好了……”讨价还价之后，赵女士高兴地拿到了两包茶叶。她刚走，售货员就向导游员抱怨起来：“你也看到了，卖不上价的。这些游客 40 多岁，应该是最有钱的，但却总是精打细算，便宜了还想更便宜，说的我头都疼了。”

导游员小吴更是深有体会，当导游的几年时间里，什么样的旅游团、什么类型的人都见过，但这次，算是对中年游客在购物上的“有计划、有目的、讨便宜”心理看清楚了。有时，小吴对自己的工作也有疲倦感，因为在中年游客居多的旅游团里，不管在购物环节上怎么讲，这些生活阅历丰富、很少感情用事的游客也不会买账。所以，售货员刚才的话，是暗示她回扣给不了几个钱的意思。其实，对小吴来讲，她早已经意识到会是这样的结果。

案例分析

“旅游购物”对出门旅游的游客来讲，是最为敏感的话题。不管针对哪一类型的消费群体，都会产生一定的副作用。在本例中，小吴所带的旅游团恰好是以中年旅游者居多的人群，虽然，部分游客和售货员讨价还价，可对小吴来讲，能有人购物已经是不错的收获了。以小吴的经验，中年人普遍的购物心理是“有计划、有目的、讨便宜”。所以，在对中年游客的接待中，小吴也没有了往日的热情。

导游如何针对中年游客的购物心理，进行有针对性的优质购物服务呢?

(1) 面对中年游客，导游员在宣传和介绍时一定要设法显现出旅游特色产品的实用性价值，在提供服务时，如遇游客不接受的情况，应尊重游客的选择，不能有抱怨情绪。

(2) 中年游客购物计划性强，在服务中要讲究艺术，不要强迫购物。

(3) 导游员在促销产品时，不要有厌烦情绪，对旅游产品的介绍要周到，强调物有所值。

案例思考

游客对导游员的购物讲解产生厌烦情绪并拒绝下车时，导游员该怎么办?

4–23 不参观的游客

案例介绍

广州博览会召开在即，从世界各地来广州参展的客商云集于此，旅游市场也呈现出一派繁忙景象。

厄瓜多尔的商务代表团在圆满完成此次参展任务后，因达成了多个合作项目，代表团团长临行前决定，多停留一天，找一家旅行社，让大家了解一下这个给他们带来巨大经济效益的城市。

翻译导游员刘 × 是一所外国语学校的讲师，也是位兼职导游。作为一名翻译导游，在讲解时要遵循“信、达、雅”的原则。刘老师的身份加之精彩的讲解给游客留下了深刻印象。不过，在旅游进行中也有一个小插曲。目前的广州流动人口特别多，到景点参观时，经常会出现排队等候的情况，让外宾们显得有些不耐烦。最后，团长决定不等了。刘导建议到其他景点参观，也被拒绝了。

回到旅行社后，经理得知该团未进入景点和购物店后非常生气。刘导见经理不太高兴，就谈了谈个人的想法，“这些客人是商务代表，他们宁愿多花钱，也不愿意浪费时间。另外，他们的身份使得所有的决策不受导游影响。”刘导说完后，经理没再说什么，径自走出了办公室。

案例分析

在本案例中，游客们的行程因景区服务速度过慢发生了变化。这对旅行社及旅游景区（点）是一种损失。经理的气愤也可以理解，因为毕竟旅行社的生存是要使经济利益最大化。

刘导对客人情况的分析对其他导游员也是有借鉴意义的。商务型游客一般的心理是：

(1) 求方便、求快速。导游人员在对游客提供服务时应注意效率，以最快的速度办理门票或相关业务。旅游景区也应减少繁杂的手续，尽量简化程序，以满足游客的需求。

(2) 自主决策能力比较强。商务人士在作决策时，通常比较理智，不会受他人的左右和影响。他们非常明确哪些服务是需要的。

(3) 求名、求尊重。导游员在接待这类游客时，一定要注意他们经济实力较强，属于高收入群体这一特征，在服务中要注意尊重，显现他们的地位。

相信经理对刘导的分析也是持肯定态度的。导游从业者在旅游景区和旅行社之间，往往处于中间地位，上下不能遂己所愿，最终成为游客的出气筒，在近些年的旅游投诉事件中，有许多对导游员的投诉，是从景区或旅行社那里转嫁到导游人员身上的。所以，要使导游员能更好地为游客服务，多方努力并充分配合才是根本。

案例思考

刘导会不会因为据理力争被旅行社经理“炒鱿鱼”呢？

4–24 导游真不错

案例介绍

在民航机场的大厅里，导游员小黄比规定时间还早到了15分钟。她打开了导游旗，挂上了导游证，希望旅游团的游客一进机场候机厅就可以看到。时间一点点地过去，很快接近了规定的时间。小黄周围的游客越聚越多，送行的、嘱托的，一时间，大厅里好不热闹。这时，小黄从包里拿出旅行社发送给大家的旅行纪念章，希望大家佩戴在左胸前，以便大家互相照应。由于人多，小黄明显感觉有些手忙脚乱。为了省事儿，她索性把能挂的手机链、导游证全挂在脖子上，能顶在头上的全放在头顶上。这时，远处的一位游客孙大爷一直在观察着她，但没有说话；只是默默地看着。

3个半小时后，小黄正式以全陪的身份在旅游车上郑重地介绍自己，讲了一些旅游时的注意事项。大家发现小黄的口才很好，言语中透露出的真情也让人觉得很踏实，应该是位负责任的导游员。旅游顺利进行到第4天的时候，孙大爷和小黄正巧在旅游车下闲聊。孙大爷笑着告诉小黄："第一眼看见你是在机场，我心想，这回可不好，导游衣冠不整不说，手忙脚乱的，身上能挂东西的地方，全让你给挂满了。可是，这几天，你在安排和落实事情上，我彻底对你改观了，看来，当初的印象把我这老头儿给蒙住了。"

小黄听完孙大爷这段话后，不好意思地笑了。她说："那天，我给您留的印象不好，其实也怪我，脖子上挂了一堆东西，又忙忙叨叨的，别说是您，谁看了都可能会觉得我是个不利索的人。今后，我一定注意，如果下次您再跟我出去旅游，一定给您留下个好印象。”

案例分析

游客出门旅游，很希望可以遇到一位综合素质高的导游员，认为有这样的导游全程陪同服务让游客放心。小黄是一位比较出色的导游员，但是，第一天在机场集合时，在孙大爷的眼里，小黄不仅衣冠不整，而且没有章法，认为小黄不能很好地为旅行团服务。但没想到，在接下来的几天时间里，小黄用自己的行动向大家证明了她的实力。就此，也改变了孙大爷对小黄的印象。

本例中，导游人员在工作一开始就应注意给游客留下一个好的印象。如果导游人员不注重第一次交往的效应，往往容易造成误解，如果事后又不懂得弥补，就会给人留下“此人不可信”的印象。而印象一旦固定，要改变它就得付出很大的努力，花很多的精力。所以，导游人员要重视树立良好的第一印象。

导游人员在游客心目中树立良好的形象，提高游客对导游人员信任度的途径是多方面的，但主要的，还是要靠导游人员的实际行动：一要重视自身形象和仪容仪表；二要多干实事，不说空话、大话；三要多同游客进行沟通。

第5章

危机面前　从容应对

导游人员在接团过程中，常常会遇到一些意外情况。对于旅游者来讲，任何意外事故的发生都是不愉快的，有时甚至是不幸的。因此，导游人员一定要尽心竭力地做好服务工作。因为，导游服务的好坏，直接关系到国家或地区的形象和声誉。杜绝事故的发生，保证旅游活动的顺畅和安全，是提高导游服务质量的有效途径。

导游人员在对客服务中，要尽力与各方密切配合，采取各种有效措施，预防问题和事故的发生。在导游工作进行中，当意外事件来临时，处理突发事件的能力是对导游人员最大的考验。常见问题与事故，无论是何种类型，导游人员都应根据维护旅游者合法权益、维护旅行社和旅游目的地国家和地区的利益相统一的基本原则进行处理。具体表现为：

（1）将损失降至最小。

（2）确保旅游活动正常进行。

（3）按国家法律、法规办事。

在我国，导游员提供给旅游者的服务，在许多旅游者眼中已经越来越“赤裸裸”了。导游员在每一个细节上的失误都可能引起游客的不满，在问题协调上的不力也可能引起游客的投诉。游客期待的是集机智、沉着、冷静、果断、坚强等品格于一身的新型导游员形象。可见，导游员脚下的路任重而道远。

5-1 旅游行程发生变更

案例介绍

某旅行社导游员小杜，接待了本公司自组的一个日本陶瓷研修团，团员为日本陶艺界的专家。该团于傍晚抵达景德镇，计划在景德镇住一晚。次日白天参观景德镇市内的几个古陶瓷遗址；晚餐后乘坐20:00起飞的国内航班离开景德镇。团队抵达的当晚，团长的朋友——一位景德镇考古界的名人应邀来酒店探望团长。他告诉团长，在距离景德镇市内30公里的乡下，最近刚发现了一个规模巨大、具有极高研究价值的元代窑址。团长听后非常兴奋，当即提出次日一早赶往该窑址参观，并把这种想法告诉了领队。领队及时把团长的意思告诉了小杜，希望小杜尽可能满足团长的要求。

案例分析

本案例中的情况是，游客在参观中，因旅游团本身原因发生行程的变更，通常应按如下程序处理：

（1）对游客提出变更旅行计划的要求，原则上应坚持按旅行合同执行，但领队是境外组团社的代表，对于他提出的要求，应在合理而可能的情况下，请示旅行社领导，得到许可后尽可能予以满足。

（2）要注意提醒游客变更行程所产生的损失和新增加的费用，要由游客负担。

(3) 游客必须对变更后的行程签字认可。

(4) 变更后的行程必须报告旅行社，得到确认后方可实施。

案例思考

如果游客认为行程变更后损失费用过高，请导游员给予协助尽量减少损失，导游员应该怎么办？

5-2 错接

案例介绍

2005 年 4 月的一天，导游员小汪按照旅行社的安排去机场迎接一个 20 人的旅游团。班机准时抵达。人数、团号、国籍一一对上号后，小汪就带着这些游客上车。当车子到达游客入住的饭店门口时，领队突然提出了疑问，说他们要入住的饭店不是这一家。小汪不明白，心想，自己的计划怎么会和领队的不一样呢？当领队拿出计划和自己的对照后，小汪才知道自己接错旅游团了。原来这是公司系列团中的一个，境外旅行社今天有两个团发给自己所在的旅行社，团号、人数都一样，但有 A、B 团之分，所住饭店也不一样。而原本由小汪接的团则被旅行社的另一名导游员接走了，幸好都是自己公司接的旅游团。最后，经请示旅行社领导后，此团也就由小汪“将错就错”地带下去。虽然这不算什么大差错，但旅游团中的领队却有些不满，因为在他看来，发生这种问题至少说明了导游员工作不细心、责任心不强。

案例分析

这是一起错接事故。所谓错接，就是指导游员接了不应由自己接待的旅游团。一般是因导游员责任心不强，做事不够仔细造成的。在组团社同时派出两个或两个以上旅游团的情况下，由于这种系列团有时人数一样，抵达时间也一样，只是领队与游客姓名不一样，因而容易造成导游员的错接事故。为预防此类事故的发生，导游员一定要加强责任心，在核对人数、团号、国籍的同时，还要认真核对领队姓名、全陪姓名、所住饭店名称等。

如果错接事故已经发生，那就只能采取弥补措施，以便把损失降至最低限度。一般来说，如本案例中的情况，作为地陪的小汪可以不用再与本社的另一导游员交换旅游团，但必须要更加尽心尽力，为游客提供更优质的服务，以弥补由于错接而引起游客的不快，但却不能再等下去，导游员须把变更情况告知领队，然后找来一辆大客车，把游客送往原计划入住的饭店。否则游客一定会有意见。

案例思考

错接后是否可以“将错就错”？

5–3 误机

案例介绍

2007 年北京某旅行社组织的一个旅游团，原计划乘 8 月 30 日 3432 次航班于 11:25 离京飞往广州，9 月 1 日晨离广州飞往香港。订票员订票时该航班已经满员，便改订了周日的另一航班（10:05 起飞），并在订票通知单上标注了“注意航班变化 10:05 起飞”。由于计调疏忽，只通知了行李员航班变化时间而没有通知导游员，也没有更改接待计划。8 月 30 日上午 8:00，行李员发现导游员与其确认的时间和他任务单上的时间不符，虽经提醒但并未引起导游员的注意。导游员也没有认真检查和核对团队机票的起飞时间，结果造成了全体游客误机的重大责任事故。

案例分析

此案例中导游员未核对团队机票上的起飞时间，又没有重视行李员的提醒，对误机事故负有一定的责任。当然，导游员不应负全责，计调部门也有过错，也应承担相应的责任。我国民法第 130 条规定，两人以上共同侵权造成他人损害的，应当承担连带责任。按照我国旅游法律、法规，旅行社在支付了因导游员行为造成的游客损失赔偿之后，有权在内部向有过错的导游员进行追偿。因此，导游员要为此次误机事件付出一定的赔偿是在所难免的了。

一旦发生误机（车、船）事故，导游人员应按以下步骤抓紧时间处理：

（1）立即报告旅行社。

（2）马上与机场（车站、码头）等有关部门联系，争取推迟起飞（开车、船）时间；或尽快让旅游者改乘下一班次的交通工具离开；必要时采取包机等方式前往下一站。

（3）稳定游客情绪，对日程作出相应调整。

（4）向旅游者赔礼道歉。

（5）写出事故报告，说明事故原因和责任，如导游人员负有事故责任，应承担相应的经济赔偿和有关处分。

案例思考

造成误机事故的原因有哪些？

5-4 失而复得的行李

案例介绍

某年9月，北京导游员程先生接待了一个美国TBI 8人旅游团。由于航班延误，他在机场等了很长时间，直到那个航班的游客几乎都走完了，才见一位佩戴TBI胸牌的男士急匆匆地跑了过来。与之交谈后，程先生了解到，他们中有两个人的行李没有随日航的飞机运过来，刚才他就是到查询处查找行李去了。程先生闻讯，急忙同该游客一起到国际行李查询处登记并办理行李查询手续，该处工作人员估计行李可能于第二天下午到达，要求必须由失主亲自来取。

由于丢失了行李，一路上失主的情绪十分低落。为了不影响大家的兴致，程先生安慰失主说："如果行李到北京，就一定能找到。即使真丢失了，日航也一定会赔偿。"接着，他为大家介绍了此行几天的活动安排，并告诉失主，第二天陪他们到商店先买些急用的物品。

第二天行李还是没有到，要再等一天。失主知道后，很着急。程先生怕影响其他游客的情绪，便尽量调动失主的情绪，在旅游活动中对他们多安慰、多照顾、多突出地位、多给表现机会。其他人见状都很会意，有人开玩笑地说："程先生真是厚此薄彼啊！要知如此，我也会丢件行李的。"一句话，连失主听后也禁不住开心地笑了。

第三天游览途中，程先生终于得知，行李已运到了北京。晚饭前，他将客人们送回饭店休息，然后要了出租车与失主一同去机场将行李取回。

在临别的风味晚宴上，失主为程先生的热心服务表示衷心感谢。其他客人也纷纷举杯为失主找回行李而干杯。

案例分析

通过程导帮助游客查找丢失的行李一事，可以看出稳定游客心态的重要性。游客丢失行李后，心情沉重、表现急躁，对旅游活动失去兴趣，此时的接待工作比平时更加困难。为了稳定失主的情绪，使之不影响其他游客，一方面，导游员应更加注意调动大家的情绪，并以轻松的话题、欢快的气氛去感染失主，使其真正参与到旅游活动中来。另一方面，则应积极与有关部门联系，积极查找行李的下落。这样即使找不到丢失的行李，也能帮助失主恢复常态。如果找回了行李，则可收到一石二鸟的效果，在精神和物质上均让失主满意。

案例思考

导游员“厚此薄彼”的方法具有普遍性的效果吗？

5-5 游客突然不见了

案例介绍

一次，某旅行社地陪小张带团先游览花港观鱼公园，然后在花港码头坐船游西湖。小张带领游客游完花港观鱼公园后，在临出公园大门前清点了一遍人数，游客全部到齐。到码头等了一会儿后，他便引领游客上船。待游客都坐下后，再清点人数，却发现少了一位。这时小张非常着急，因为同船的另一团队游客已经到齐，游船即将启动。小张马上来到驾驶舱，把情况与工作人员作了说明，请他们再等一会儿，自己和全陪上岸去寻找游客。通过电话联络，这位落队的游客终于上了船。刚才他一直和团友走在一起，旁边的一对夫妇请他给拍张合影，自己又不好意思拒绝，没想到在那儿照相的人很多，耽误了时间，差点误了船。

案例分析

这是一起带团中常遇到的游客走失事故。发生此类事故的主要原因，可能是由于个别游客不经心滞留在一角，或对某一景物产生兴趣，或热衷于摄影，未打招呼便离开旅游团。为了避免此类事故，导游人员一定要向游客通报全天的游览行程及旅游点、用餐点的地点和名称；通报抵达时间和逗留时间；除此之外，在游览过程中，地陪、全陪应格外注意周围环境和游客的动向；全陪（领队）要与地陪密切合作，随时注意游客的活动，提醒他们跟上队伍。

发生此类事故，一般的处理步骤如下：

(1) 保持头脑冷静，地陪与全陪、领队密切合作，一人留下照顾在场的游客，其余两人可视情况请少数游客一起寻找。

(2) 一时找不到，可向游览地的派出所和管理部门求助，告知走失者的特征，请求协助。

(3) 向所下榻饭店询问，走失者是否已自己回了饭店。

(4) 采取以上措施后仍找不到，地陪须向旅行社报告，请求派人到现场寻找。

(5) 作为地陪不能长时间地去寻找走失者，以免影响其他游客的旅游活动，应继续带团参观游览。

(6) 找到走失者后，应安慰走失者，不应当面指责，即使提出批评，也应是善意的。

(7) 若是严重的走失事故，导游人员应向旅行社写出书面报告，详细说明走失原因、经过及游客的反映等。

案例思考

导游员如何避免游客走失现象的出现？

5–6 空接

案例介绍

深圳某旅行社导游员小周，打开自己的邮箱后，收到了旅行社发给自己的一份接团计划。这批游客来自新加坡，行程安排是在5日晚上9:32乘飞机到达广州，当晚入住酒店。第二天游览广州后再乘汽车到深圳参观。5日，小周约好司机开旅游车一同到广州去接新加坡游客。当旅游车抵达广州后，小周先与旅游团预订的酒店取得联络，落实住房。考虑到旅游团抵达酒店后，游客马上就会想入房休息，小周还事先准备好了房间号和房卡。当晚，小周与司机一起开车到火车站去接团。可是所有的客人都出站了，也没见到新加坡团队的影子。于是，小周立即与旅行社计调部取得联系，询问具体情况。不料，计调的答复却是："不好，这个团昨天通知我取消了，我忘记通知你了。"小周只好立即回到酒店，将此团情况与具体营销人员进行沟通，虽然酒店方面同意退房，但是按照双方所签订的合同，小周仍然要承担赔偿责任。

案例分析

很明显，这是一起空接事故。造成空接事故的直接后果，是客房临时取消的违约赔偿和旅游车往返的空驶费用。从某个角度来看，似乎是因为计调人员工作不细造成的空接事故。但是，小周作为一名导游员，仅凭一封电子邮件上的接待计划来确定自己的接团安排，也是不稳妥的。在每次接团前，小周应该做好与各相关部门的确认工作，如果这样，此团的损失就可以避免了。

在旅行社业务操作过程中，计调员、票务员、行李员等许多岗位，都有可能因为工作压力大、业务琐碎、责任意识淡薄等原因而造成一定的过错。但是，所有这些岗位都是在为导游员带团扫清障碍而服务的，最后的整理环节，导游人员一定要亲自落实，把工作做细、做好，以最大限度地避免旅行社和个人的损失。

案例思考

你认为此团空接所导致的损失应该由谁来承担?

5-7　食物中毒

案例介绍

市工会组织先进工作者到美丽的海滨城市——大连度假。小涛放了暑假，也跟随妈妈一同前往。导游员小付作为全陪导游员承担了该团的接待任务。旅游团坐的是晚上9:50的火车。第二天凌晨，当火车停靠在中转站时，小涛让妈妈给他买了一盒当地小贩销售的盒饭，结果没过多长时间就出现了腹痛、腹泻、头晕的症状。小涛妈妈和小付都束手无策，连忙叫列车员帮忙。列车员通过列车广播站，在乘客中找到了一名医生及药品。在作了一番处理后，患者的病情终于得到了控制。

案例分析

旅途中如吃了腐败、变质的食物，极易引起食物中毒。其症状除腹痛、腹泻、头晕外，还伴有发烧、体衰等。对于这类事故，导游员首先要注意防范，特别是长途旅行，导游员更应不断提醒游客注意饮食卫生。另外，作为导游员还应掌握一些处理此类事故的应急措施。如果症状并不是很严重，导游员便可自行处理，进行急救。方法是让游客多喝一些开水或糖水、盐水，以缓解毒性；当游客感到恶心要呕吐时，可采取催吐的方法让游客将食物吐出来，催吐时一般用压迫舌根法，待食物吐尽后，再多喝开水。如果症状极其严重，导游员应立即将游客送至附近医院进行急救。

一般食物中毒的特点是潜伏期短、发病快，且常常集体发病，若抢救不及时会有生命危险。防止食物中毒，导游人员应该做到如下几点：

（1）严格执行在旅游定点餐厅就餐的规定。

（2）提醒旅游者不要在小摊上购买食物。

（3）用餐时发现食物、饮料不卫生，或有异味变质的情况，导游人员应立即要求更换，并要求餐厅负责人出面解释，必要时向旅行社领导汇报。

（4）一定要向旅游者讲清“水土”问题，当地人能吃的食物，外地人不一定能吃，不一定习惯。

食物中毒的处理：

（1）在立即采取排毒措施的同时，尽快将中毒者送往医院抢救。

（2）要立即通知卫生防疫部门，对旅游者食用过的食物进行抽样检验。

（3）请医院的大夫开具诊断证明。

(4) 迅速报告接待社，并通知中毒严重患者的家属。

(5) 要帮助了解、分析、掌握中毒的原因，向有关部门提供可靠材料，以追究供餐单位的法律责任。

案例思考

导游员为了避免发生游客食物中毒现象，应在哪些场所多做提示工作？

5–8 游客意见不一致

案例介绍

李先生单位组织员工旅游，正赶上其夫人休年假，于是一同参加了九寨沟 7 日游的旅行团。李先生和李太太参加的这一团，行程前几天都还算平顺。第 5 天行程表原为九寨沟—黄龙沟—九黄机场—成都，然而全陪事先未和地陪核对行程，地陪误以为此团是参观牟尼沟而非黄龙沟，加上地陪前一天也未事先宣布第 5 天要走的行程，全陪又没去过黄龙沟，不知黄龙沟是什么模样。在第 5 天参观牟尼沟后，李太太发现这个沟好像和书上描述的黄龙沟不一样，于是进一步询问地陪。这时，地陪及全陪才发现行程走错了，应该去黄龙沟却去了牟尼沟。李太太和一些团员向全陪反映，既然有安排黄龙沟，明天无论如何都要想办法去。但另有一派的团员认为既然错误已经造成，就算了，明天还是照既定行程进行为好，就不要变更第 6

天的行程了。这样，两派团员各执己见争执不下。

此时全陪也不知该如何是好了。团员的分歧很大，全陪无法说服旅客，但也拿不定主意。最后，全陪接受李太太等人的意见去黄龙沟。第6天一早，全团赶往黄龙沟，途中提早用午餐，用完午餐后，到了黄龙沟入口，全陪告知游黄龙沟需要三四个小时，而当天下午由机场飞往成都的班机是下午4:00，因此参观时间非常紧。当时，团员又分成了两派。一派，是以李太太为首的坚持一定要全程游玩；另一派，则怕赶不上飞机，主张在附近参观就可以了。双方又是一阵言语争执，最后李太太等人还是坚持游全程，所以，他们就自己进去参观了。全陪和地陪均未陪同。李太太等人沿途加紧脚步，回程时更是走走跑跑，总共花了4个半小时，虽然很累，但玩得非常开心。而没去参观的另一半团员就非常不高兴，因为苦等了4个半小时不说，还发生团员在车上休息睡午觉，司机不晓得跑到哪里去了，车门上锁，团员被困在车内下不来的情况，怒气难平。全团后来在3:40赶到九黄机场，由于当天机位客满，候补的人很多，这个团因为晚到，机位被取消了。这下子两派团员又怪来怪去、吵来吵去。飞机搭不上，怎么办？地陪和全陪紧急安排旅游车。全团在黑黢黢的山路上，花了13个小时摸黑赶到了成都，沿途险象环生。团员在伸手不见五指的山区下车“方便”，大家都很害怕一不小心会掉到山谷里去，也很害怕途中遇到山贼遭抢劫，甚至被杀害。所以全团游客没人敢休息睡觉的。所幸有惊无险，在凌晨3:00团队抵达了饭店，结束了这场惊魂记。由于这样的更动，原来安排的“川剧变脸”、“青城山风景”、“成都风味小吃”、“成都麻辣火锅”等项目只得被迫取消。全团团员对此非常不满。

案例分析

旅行团的团员形形色色，要和谐相处本来就不是件容易事儿，在本案例中由于地陪及全陪的疏忽，彼此没有事先核对商定行程，致使地陪误认为行程是去参观牟尼沟，并在全团参观完牟尼沟后才发现错误。这是地陪及全陪的疏忽和失职。而当全陪与地陪发现走错行程后，团员意见就分成两派，一派认为错就错了，往后的行程可仍按既定的计划进行，黄龙沟就不去了；另一派则认为无论如何都要想办法去黄龙沟。由于两派意见争执不下，既无法达成共识，又不能分道扬镳，全陪也无力居中协调。就这样，隔天一大早，全团还是去了黄龙沟。到黄龙沟后，就是否要全程游玩的问题又再次分为两派。后来有些游客还是游完了全程，但团队却因此而耽误了行程，没搭上飞往成都的班机，导致后来必须在黑夜里冒着生命危险摸黑赶山路。

这里有一个问题值得讨论，黄龙沟因疏忽未照既定行程参观，发现后是否一定要安排参观呢？团员两派意见争执不下，全陪该如何处理？是否可采用表决的方式？首先，在发现行程中漏掉黄龙沟时，全陪最好与地陪及组团旅行社讨论一下安排去黄龙沟的可行性，如果时间及交通等一切都没有问题，再与旅客讨论如何排定行程。反之，如果实际上安排去黄龙沟有困难，就应该把原因向旅客讲清楚，然后，针对没去黄龙沟游览的情况依照旅游合同进行合理解决。在本案例中，全陪在发现错误后，应全盘了解去黄龙沟的车程及游览时间，然后，向团员说明情况，并选择对行程影响最小的建议：

(1) 不去黄龙沟；

(2) 去黄龙沟，但因班机缘故没办法参观全程，可让团员通过表决定夺。团员只有在全面了解了面临的情况后，才能作出决定，不能任由团员漫无目的地争吵或由部分游客决定行程。

本案例中，全陪或许在这方面经验不足，对事态发展缺乏有效控制，终至赶不上飞机而引发了更多的后续问题。

案例思考

游客之间发生意见分歧，导游员应如何解决？

5–9 面对游客的“无礼”

案例介绍

炎炎夏日，从印尼来华旅游的游客一到北京机场，便受到旅行社委派的地接导游员小赵主动、热情的迎接。见到眼前这些面带倦意的游客，小赵迅速把大家引领到旅游大巴上。为助游客一臂之力，她站在车头一侧，帮助一些年纪大些的老年人上车。这时，一位30岁左右的中年男子也把手伸了过来，半调侃地说：“导游小姐，扶我一把，我也上不去车！”此时，小赵的脸一下子变得通红，不知如何是好，她本能地把手一背，扭过头去，低头不语。没想到，这位中年男子竟说：“看不出来，导游也有害羞的！‘小姐’别装了！”

小赵被这刚刚开始的一幕吓坏了，她非常无助地望着司机师傅。司机师傅用同情的目光告诉她：“没办法，忍了吧！”

案例分析

旅游团是由社会各阶层人员组成的，应该说绝大部分游客是讲文明、懂礼貌的，但是也不排除有极个别的人无视社会公德，特别是遇到年轻漂亮的、带团时间不长、经验不丰富的女导游员更是得寸进尺。结果，往往搞得导游员十分被动，有的还流下伤心的眼泪。面对个别游客如此举动，导游员该如何处理呢?

首先，导游员要保持冷静的头脑和沉着的态度，不要激化矛盾。其次，导游员也不妨认真分析一下游客“无礼”的原因。若是导游员认为自己没错，那也用不着害怕他们，同时要坚持原则、讲究方法。若是自感有不妥之处，则要向游客讲明情况，并在以后的旅途中加以改正和弥补。若是游客不听劝告继续坚持“无礼”行为，导游员也用不着发火、害怕，脸上要笑眯眯，争取在最短的时间内把话题转移，或者对情节严重者拿起法律武器来保护自己。

作为导游员一定要记住，导游员也需要被别人尊重，当个人的合法权益受到侵害时，我们也有权利来维护自身的合法利益。当然，当个别游客的问题处理好之后，导游员还是要继续以热情的态度为其服务，切忌凭个人好恶处事。

案例思考

导游人员应该如何避免与客人发生正面冲突?

5-10　泰国老妇人的护照不见了

案例介绍

2003年4月，迎春花已经露出了笑脸，预示着春天的脚步近了。

泰国的爱华合唱团一行 32 人来到东北旅游观光。也许是泰国长年高温的缘故，大家似乎对长春此时十几度的天气仍然不能适应。

按照旅行社的安排，头天晚饭后大家一起到和平大戏院看了一场二人转，回来下起了大雨。早晨林太太被前台的 MC 电话叫醒。她走到窗边，“天啊！ My god！太美了！”原来，凌晨的一场大雪把长春市打扮得分外秀美。泰国客人们“奔走相告”。地陪导游员在早餐的西餐厅里左等右等也不见客人，只见大家在外面堆雪人、打雪仗。这些成年人都像孩子一样在玩耍,非常开心。为了不耽误飞机，大家匆匆地吃完早餐后，按照既定的时间上了旅游车。

在去往机场的途中，通过交通之声广播电台，司机告诉大家机场已临时关闭了，可能到中午的时候才能正式开通。不过，大家为了不误机，还是决定到机场等候。到了机场后，地陪导游员和行李员及领队一同把大家的行李安置好，由于游客的行李体积非常大，30 多件的行李占据了很大的面积，机场内候机的客人越来越多，为了节省时间，领队建议大家先把护照拿出来，以备办理登机手续。这时，一位老妇人怎么也找不到自己的护照了，地陪和领队一起帮助她回忆。老妇人说，从泰国到北京后，护照就再也没有用过，如果真找不到，都不知道会丢在哪儿！此时，地陪马上给旅游车司机打电话,请他在车厢内寻找。老妇人记得她在车上的时候整理过行李，结果，司机告诉导游，车上卫生已经清扫完毕，没有发现任何客人的物品。地陪又把电话打到了所下榻的饭店，前台工作人员的反馈信息，也是房间已经清扫完毕，没有发现客人物品。这时，飞机场通知客人所搭乘的航班马上就要办理登机手续了。老妇人的头上早已渗出了汗珠，领队却显得非常镇定。领队对地陪说：“这位老太太在旅游过程中，类似的事情已发生好几次了，她总是忘事，没关系，我们一起再帮她检查一下行李，仔细查找，我感觉能找到。”

正如领队所预料的一样，老妇人把护照放在了皮箱盖的隐蔽夹层里，真是一场虚惊啊!

案例分析

一般情况下，游客在旅游活动中丢失有关证件的事情常有发生，但基本上是上了年纪的游客（中青年也有）。这些游客记忆力差、忘性大，加之有关证件在不同场合又起着不同的作用，使用率较为频繁，因自己保管欠妥，出现丢失证件现象也在情理之中。游客丢失证件虽属个人行为，其内心十分着急，也给导游员带来许多麻烦和工作量。为了防止游客丢失证件，导游员要多做提醒工作，要不厌其烦，上车讲、下车讲，主要是为了避免因一时不慎而影响全团的行程。

一旦发现游客丢失有关证件后，导游员要以极大的热情做好安慰工作，不要责怪游客，特别是上了年纪的游客。在本案中，地陪和领队能够让游客冷静地回忆证件丢失的前后经过，并从游客的谈话中积极寻找信息和依据，认真帮助游客一起寻找，从而较好地稳定了游客情绪。但要注意，如果确实找不到，导游员应进行一系列的规范操作，具体如下：

(1) 应立即报告旅行社，并请旅行社出具证明。

(2) 请丢失者准备照片到当地公安局（外国人出入境管理处）报失，并办理遗失证明。

(3) 再持证明到所在国驻华使、领馆补办新护照。

(4) 拿到新护照后，再返回当地公安局办理签证手续。以上一系列手续除到旅行社出具证明之外，其余都要请失主一同前往办理各种手续。

案例思考

本案例地陪导游员在寻找护照过程中，哪些做法值得借鉴?

5-11 客人被烫伤后

案例介绍

在辽宁省鞍山市，有个汤岗子温泉。这里的泉水温度高达72℃，清澈透明、无色无味，含有人体所需的多种微量元素，有滋肤、活络、健体、祛病之疗效。过去伪满皇帝溥仪和婉容曾来此地疗养，张学良将军也是这里的常客。

一天，北京某旅游团一行37人，由玉佛苑转到这里参观。大家看到泥疗场地十分新鲜，都想试一下。最后，男男女女，不分老少都躺在了泥床上。不久，多数人都起来去淋浴了，一位老先生最后起来，行路十分吃力。导游员一看他的脚，居然烫起了一个拳头大小的水疱。导游员立即扶着客人坐下，并马上通知了温泉医生。在等医生时，导游员赶忙打来清水，帮助客人清洗泥迹。这时，许多人围了上来，一些游客还指责导游员事前未提醒大家应该注意这里的高温。导游员一边忙着为老人检查其他部位有无受伤，一边向大家致歉。年轻的导游员被这种场景吓坏了，泪水含在眼眶里。10分钟后，医生为客人进行了治疗，诊断并无大碍后送客人回房间休息。

案例分析

在本案例中，导游员没有预想到泥疗也会出现意外。当她面对游客的指责时，意识到，如果能够提前将一些注意事项交代给游客就好了。这样，就不会出现客人怨声载道的场面了。

幸运的是，老人家除了水疱外，并无大的影响。导游员能够在第一时间给予及时的处置，也减少了老人的疼痛。由此可见，在旅游活动中，“意外”是经常会发生的。如果有游客被烫伤（烧伤）的情况应尽快进行如下处置：

（1）轻度的烫伤，宜将烫伤部位泡在冷水中，一直泡到疼痛减缓为止，然后，在烫伤部位局部涂上消炎药膏、清凉油等。

（2）如果出现水疱，不要把水疱挑破，以防继发性感染。

（3）疼痛较严重时，适当给患者服些镇静止痛药，并少量喝些温开水以缓和紧张情绪。

（4）严重烫伤或烧伤者，应尽快送往医院救治，以免延误病情。

案例思考

游客发生意外，导游人员有没有责任？

5–12　野外探险遇到蛇

案例介绍

近几年，利用节假日外出度假的人是越来越多了。一些喜欢冒险的年轻人更把到“深山老林”探险作为首选目标。户外运动的积极参与者小强，听朋友介绍某旅行社正在举办一次野外生存自游行活动。他非常积极，立刻到旅行社报了名。这次旅行的目的地是张家界。出行前，旅行社全陪导游员为大家召开了一次行前说明会，重点提到了旅游期间的安全问题。全陪小宋说："这次旅行社组织的户外自由行活动，应该是非常符合我们每一位年轻朋友求刺激、求挑战需要的。我们对全程活动进行了周密的安排，但有一点，一定要重点强调，即安全问题。张家界景色优美，但是山高林密，而且在国庆节前后，正是蛇类出没的高峰期。它们一般都藏身在树林、草丛和竹林当中。因此，一定要注意安全。"

带着一种对大自然的憧憬，全团13位游客整装待发了。与其他旅游团不同的是，这组游客自律能力极强，用全陪小宋的话来讲，这个团的游客就像一支纪律严紧的部队。大家一路上互相帮助，从野外露营到生火做饭，处处体现出团队精神。在不到两天的时间里，十几位队员就像老朋友一样相处得非常融洽。第4天，按计划，旅游团要翻越一座没有路的山岭。走在后面的一位大学生游客惊叫了一声，大家回头一看，小伙子整个人脸色难看极了，上前一问方知，他被什么东西咬了一下。经验丰富的全陪小宋揭开裤管一看，原来是被蛇咬了一口。小宋立刻从自己背包中取出小药盒为他进行紧急处理。

案例分析

随着旅游活动项目和旅游线路设计向人性化的发展过渡，一些惊险、刺激的旅游项目日渐增多。如本案例中，导游人员在行前特别强调旅行安全，然而在行进中仍然防不胜防，出现了蛇咬游客的意外事故。因此，导游人员在出游时除增强安全防范意识外，还要懂得一些急救常识：

（1）在不小心被蛇咬到的时候不要太慌张，要仔细查看是什么形状的蛇咬了自己，咬后的伤口疼不疼，有没有变肿，颜色是否变黑了（这样有利于医生对症下药）。

(2) 最好马上用绷带扎紧伤口上部，同时用火烧一下被咬部位，并用净水清洗伤口，务求把部分毒素逼出。

(3) 被袭击后，伤者应将受伤部位保持下垂，并避免运动，以免蛇毒入侵其他脏器。

另外，游客一旦遇到蛇，如果蛇不主动向人进攻，千万不要惊扰它，尤其不要振动地面，最好等它逃遁，或者等人来救援。万一被蛇追赶，千万不能和它较劲直着往前跑，而要跑曲线，使蛇看不到你，这就有可能脱险了。

案例思考

假设你所接待的旅游团游客被蛇咬伤，你该如何处置？

5–13　门票涨价了

案例介绍

小李是长春市某旅行社的兼职导游员。由于个人原因，她已有近半年的时间没有带团了，但因暑期旅游团很多，旅行社找不到有经验的导游员，所以，小李又回到了自己的工作岗位。第一个旅游团，是带游客去吉林市观光游览。此团要求，导游人员先垫付景点门票，然后再回旅行社报销。近半年多时间没有接待游客，为了使接待工作万无一失，小李先给所有的景区打电话，询问了一下门票价格是否有所浮动，在确认中，北山公园的门票由 5 元涨到了 10 元。

原来，2006年的农历出现了闰七月。中国人把“七月初七”称之为“中国情人节”。因此，许多旅游景区大做文章，充分利用这难得的“情人节”进行宣传。吉林市北山公园是集佛、道、儒三教为一体的人文景观。这里的香火十分鼎盛。每年的四月庙会时总会引来众多的信众。同时，为了把北山的民俗文化品牌做大，北山旅游管理委员会决定，将原定的5元门票，在“情人节”期间上涨为10元，并且此次涨价得到了物价部门的批准。

小李为了向旅行社求证，所以将电话打给旅游公司的计调部经理和导游部经理，然而，得到的回答是：“不可能。前几天还有人带团去北山公园，门票都是5元。”在这里没有得到答复，小李只能到公园去求证了。第二天，当游客到达北山公园时，一条清晰的横幅挂在售票窗口，“门票十元一张”。看来，旅行社的工作人员们并不知道门票上调的事情。小李毕竟是一位有经验的老导游，为了回旅行社后便于说明情况，她特意到北山旅游管委会，索取了一张门票上涨后物价部门的批文。回到旅行社后，计调部和导游部经理笑着对小李说：“还是你认真，把批文复印件都拿回来了，不然，我们还真没法向组团社交代呢！”

案例分析

导游员在带团过程中经常会碰到旅游景点门票价格上调的事情，虽然这属于国家政策性调价，是合法的，但涉及旅行社和游客双方的利益，不可忽视。为此，导游员要做好游客的思想工作，确实有一定难度。导游员应该做好充分的思想准备。如果导游员带团碰到旅游景点门票价格突然上调，而且上调部分是由游客个人承担的情况时，应按下列程序处理：

（1）迅速查找旅行社与游客之间签订的合同或补充条款，《旅游者须知》中是否有涉及旅游景点门票的相关规定。一般而言，旅行社为了维护自身的合法权益，在上述相关规定中一般会有“如遇国家政策性调价，对实收的门票给予多退少补”之类的条款。所以，导游员完全可以理直气壮地向游客补收旅游景点门票差价，不必显得尴尬和难为情。

(2) 立即向领队、全陪或游客说明情况，争取他们的理解和支持，并做好补收门票差价的工作。

(3) 若个别游客不同意掏钱，导游员可以再次向他们做耐心的解释工作，同时要向旅行社汇报，导游员只有在旅行社的指示下，方可进行操作。

(4) 导游员要一如既往地带好团、讲解好，不要为了一点小事而影响整个旅游团的情绪。

案例思考

导游员小李在处理此次票价上调过程中，哪些方面值得借鉴？

5–14 旅游途中遭遇金沙江洪水

案例介绍

2006 年 8 月中旬，导游员小华（化名）带团前往香格里拉，路经金沙江河谷公路段，只见水面涨高了许多，当时只以为是汛期的原因。第二天中午从香格里拉返丽江时接到旅行社通知，新公路沿途路基塌方，隧道改经老 214 国道线，在途经跨江的松园桥时，武警出现了，车辆开始限行，按指挥，只有待前面车辆安全通过大桥后才可放行后面的车辆。眼见大桥大跨度的桥拱已有1/2被水淹没。此时，行驶在公路上的车辆拥堵起来，有逆行的、有原地调头和随意插队的……

随着人群攒动，这个没有交警的偏远路段顿时严重堵塞了。当时，到处都是洪水的传言，前面去探路，发现公路已被仍在上涨的洪水淹没了，后退已然不成，对面虎跳峡开发区的公路也已被淹，我们被夹在中间进退两难，原本计划的丽江晚餐看来已成奢望了。下午4:00，所有人都在等待着救援，期盼解放军的来到。当夜幕慢慢降临时，人群躁动起来，负责做解释工作的乡工作人员差点儿被激动的人群推到江中。

小华拿起手中的话筒向旅游团游客作了他们目前所处境况的通报。当时堵在这一段的车辆很多，尤其是旅游车。随着夜幕的来临吃饭问题肯定会成为最严酷的现实。所以，小华迅速向旅行社作了汇报，并开始在公路沿途的村落寻找储备食物，但遇到的情况却是已被先行者捷足先登。一间小小的商店，在人群的蜂拥下土坯墙都开始摇摇欲坠。见此景，小华干脆又到相反方向的村落去寻找，走了两公里，刚要进一个村子，迎面两个村民正好端着一大盆刚煮熟的鸡蛋准备来卖，商定好每个1.5元的价格后，小华又恳求村民帮助找些其他的食物。这个淳朴的村妇答应帮忙。小华连忙准备了方便面、矿泉水、火腿肠，以及再煮一些鸡蛋的订货单。这些食物只够当晚和第二天早餐之需，谁知明天是否能够得到及时的救援呢？

在漫长的等待中，差不多晚10:00，一辆小“昌河”走走停停地摸黑寻找过来。村妇、她的丈夫和一个小女孩给大家带来了期盼已久的食物。原来为了这些东西，这些淳朴的村民是在夜色中冒险划船去对岸开发区买来的，而且一路上也是拒绝了多少路人的强行购买，着实是令人感动！更周详的是，他们还给大家带来了几大壶的开水用以泡面，而且因为水不够，后面又专门送了一次！游客的温饱问题基本解决后，一个个在漆黑中摸索到车上休息了。不一会儿，打鼾声、梦话声交织成一片，而小华却无心睡觉，因为她听说上游依旧在下雨，非常担心更大的洪峰突然来到。她和另外几个人在被淹没的公路旁搁放了一块石头，作为观测水位上涨的记号。最后，水位在漫过记号差不多1米多后稳定下来。

早上6:00多，公路上又喧闹起来。丽江组织的救援队来了。通知所有人员，当然主要是各个旅游团队，准备从丽江连夜在公路旁打通的山间小路上撤离。游客们在用完早餐后开始准备行囊。小华也一直打听是否会有第二条更方便的通道，最后旅行社回馈的信息让大家失望了。10:00左右，穿过一片片的玉米地、烟草田，绕过最近那段被淹的公路，又搭乘拖拉机“突、突、突”行驶到前面又一处被淹的公路段，无奈，只好又是爬山。这一段山路已不再是简单的泥泞了，而是增加了山势的陡峭。好在农家背夫的出现，30元一件行李，使客人们可以松口气了。在阳光的暴晒下，已经没有人抬头欣赏险峻的玉龙雪山了，最终游客们平安地回到了丽江。

案例分析

这个真实的案例再现了洪水来临时游客和导游员同心同力，共同应对灾难的场面。导游员小华能够在关键时刻积极主动地为游客寻找食物，使游客能在旅游车上得到食物，免受饥饿之苦，这种做法十分值得每一位导游员学习。

旅游活动常常会有意想不到的事情出现。小华在面对洪水时处理问题的方法可以借鉴之处在于：

(1) 在行程中遭遇到金沙江30年不遇的洪水，在临难无望的情况下，为安抚客人惊慌、害怕的情绪，首先自己必须保持镇定。

(2) 及时和旅行社保持联系、通报情况并得到相关信息。

（3）食物是当务之急，解决好饮食问题客人的情绪就会稳定。

（4）及时与客人交流目前形势，通报当时得到的一些积极信息，尽力增强游客战胜困难的信心。

（5）在客人情绪稳定的情况下，随时密切关注灾害可能的发展状况。

（6）要有全局观念，灵活处理问题。在当时情况下，一些必需的物资价格肯定会比平时高出数倍甚至数十倍，因此，要根据情况当机立断，不要斤斤计较。分析形势，灵活变通非常重要。

导游员小华的切身感受说明，在遇到无法预见的紧急状态时，只要能够开动脑筋、镇定自若，一切困难都是能够被克服的。

案例思考

小华在处理此团危机时，哪些方面值得借鉴？

5-15 司机甩团后

案例介绍

冬天的北方虽然没有想象中那样寒风刺骨，但是，从南方到沈阳游览的游客已经把能穿的和能戴的“全副武装”起来。新年刚过，旅游团队接踵而来，沈阳的雪已经连续下了3天，据气象台预测，在未来的一周里，仍然有降雪。广东佛山通信设备有限公司营业部的“明星推销员”旅游团，在公司的安排下正在沈阳享受着满天飞雪带来的快乐时光。

按照行程安排，下午是参观游览沈阳故宫和少帅府。参观即将结束时，游客王小姐正准备上旅游车，可不知什么原因车门却打不开了。旅游车司机在车里按着开关，但车门却纹丝不动。北方的风雪天说变就变，在车外等候的南方游客已经快冻成“冰棍”了。游客王小姐气愤地拍打着车门，此时，在车里的司机大为不悦，从司机座位上起身后推开车窗，探出头说：“拍什么拍，没看我正修着吗？真没素质！”导游员立即上前阻止，一来二去，几个来回，话语越加激烈。司机关上车窗，发动了旅游车，不管导游员如何劝阻，只留下一句话：“对不起啦，导游，我跟你也不熟，爷不伺候了，谁拦我撞谁。”接着扬长而去。

见此景，所有的客人都惊呆了！司机敢甩团？导游员骑虎难下，不知怎么办才好。这时，停车场中另一辆旅游大巴的游客进景点游览尚未出来，导游员马上前去和司机联络，得知游客刚刚进景区参观，大概要一个半小时才能出来后，在导游员的协调和恳求下，将游客请上了这辆热心司机的旅游车，使游客不至于在寒冷的天气里受冻。接下来，导游员立即联系了旅行社将刚才的事情作了汇报，公司表示会马上派另一辆汽车“救场”。在等车的这段空闲时间里，导游员给车上的游客讲“东北话”，使车里的气氛轻松了许多。半个小时后，游客登上了旅行社派来的旅游车，同时，大家也非常感谢导游员在此过程中所做的沟通，全团游客都向她投来了感激的目光。

案例分析

旅游团的游客经常会因为各种原因与司机、导游员或景区工作人员产生误会，导致旅游活动不能正常进行。在本案例中，只因话不投机，造成了司机甩团的严重旅游责任事故。我们看到，导游员面对游客无理在先，司机甩团在后的僵局，采取了以下措施：

（1）把握游客心态，协调矛盾。

（2）争取得到他人的帮助。导游员看到其他旅游车是空的，游客进景点游览尚未出来，求得该旅游车司机的帮助，使自己的客人避免了受冻之苦。

（3）立即向旅行社如实汇报并求助。

（4）积极灵活地应对突发情况。在司机甩团，新车未到情况下，及时与客人沟通并得到谅解，还以介绍东北方言的方式转移游客的关注点，使枯燥的等待变得活跃起来。

通过本案例我们可以体会到，旅游活动的顺利进行是受多方因素制约的，作为旅游服务人员，一些司机人员的个人素质也亟待提高。平时，导游人员一定要注意与司机等旅游相关工作人员搞好关系，尽量避免发生各类矛盾，从而为与游客有关的一些特殊纠纷的解决奠定基础。假如本案例中司机能够体会到导游工作的不易，又假如导游员能通过个人平时与司机建立起来的情感来协调解决矛盾，问题可能就会比较容易解决，进而使游客能够充分享受到由导游员建立起来的良好服务环境。

案例思考

在该团离开沈阳前，游客对旅游车司机提出投诉，假如你是导游员，而旅行社又不想扩大事态，派你出面与游客协调，你该如何劝说呢？

5-16 亲友随团参观为何不行

案例介绍

一个印尼旅游团从广州入境。一到广州，一位老年华人对全陪说：“我有一个妹妹在北京，已失散 30 多年，请协助找找。”全陪马上将此要求转告给北京地接旅行社。当旅游团抵达北京时，地接旅行社已按照游客提供的线索，通过户籍部门找到了老人的妹妹。当兄妹在饭店相拥会面时，喜极流涕，场面十分动人。他们一再感谢全陪和北京地接旅行社。然而，第二天早晨，老人将他妹妹带上了旅游车，地陪以为是领队同意的，而领队则以为是中方导游人员同意的。相互一问，原来谁都没有同意，但都感到很为难，因为兄妹已 30 多年不通音讯，想多一些相聚的时间无可厚非。但……

最后，地陪还是上前为难地告诉老年游客，他的妹妹不能随团活动，否则费用不好解决。老人却说：“门票我买，至于吃饭，大家挤一挤就行了，以前饭菜总吃不完，所以多一人少一人没什么关系。”地陪无奈，只得撒谎，说其他旅游者有意见。老人很不高兴地让妹妹下了车，自己也下了车。此后两天他没有随团活动。从此，他与旅游团其他成员的关系一直处不好，还写了投诉书，说地陪不近人情。

案例分析

有些旅游者在探视亲友后，希望能多一些相处的时间，要求亲友随团活动，一般情况下若条件允许（如车上有空位，不影响其他人），此类要求应予以满足，但须事先了解情况并办理下列手续。

（1）先征得领队和旅游团其他成员的同意。

（2）与旅行社有关部门联系，如无特殊情况可到旅行社办理入团手续：出示有效证件、填写表格、缴纳费用等。

（3）若是外国外交官员随团活动，应请示旅行社，严格按照我国政府的有关规定办理。

案例思考

如果所有的游客与导游员的关系相处得都特别融洽，领队也无意见，你会同意游客亲属随团旅行吗？

5–17 为游客安排自由活动

案例介绍

贺老先生和夫人到中国内陆旅游已经快4天了，临行前儿女们嘱咐老人千万不要跟着导游员买东西，以免上当受骗。如果老两口儿相中了什么东西，就到大型超市或大商场去购买。夫妻二人“严格恪守”儿女们的交代。所以，任凭导游员说得天花乱坠，两位老人家就是不动心。

晚上，旅游团在某城市的旅游活动结束了。导游员和领队沟通后宣布了第二天叫早和集合的时间。大家各自领取房卡后便回去休息了。贺老先生叫住导游员，问道："导游，麻烦你，能告诉我离这家饭店最近的超市在哪里吗？我们想买些特产带回去送人。"导游一听，心里便嘀咕起来："这对老夫妻，明显是不想让我们导游挣钱啊！"虽然如此，但她还是将一张画好的向导图交到了老人手中。老人家非常感谢。随后，导游员从酒店的前台拿来一张酒店的欢迎名片，上面详细写着酒店的联络电话及乘车路线。一旦老人找不回来，这张卡片就可以派上大用场了。

老夫妻俩一看导游员这么热情，非常不好意思地说："导游，今天我们不在购物店里买东西你不会生气吧！会不会想，这两个老家伙就是不捧场！"导游员立刻回答："您二位可千万不要这么想，我们当导游的，的确在购物中有一些利益所得，但这也是在游客完全自愿的前提下，您有您的权利，我祝您二位一会儿购物愉快！"

看着导游员离开的背影，夫妻二人又将她称赞了一番。

案例分析

游客外出自由活动的原因有许多，除购物外，还有走访、探亲、逛夜景等许多特殊情况出现。如果导游员在接团的时候遇见这样的事情，应注意以下几个方面的问题：

（1）建议游客不要到秩序不好的场所活动，不要太晚回酒店。

（2）若游客要到较远的地方，导游员应给予必要的协助，并告知酒店的位置，搭乘交通工具的方式及酒店的电话等。

（3）出于安全考虑，可婉言劝阻游客外出活动，但应说明原因，以免造成误会。

（4）送机（站）前应尽量避免游客自由活动，如果计划行程中安排有自由活动，应充分计算集合时间，并留下游客的联系电话，以免造成误机（车、船）。

目前，在我国倡导建立和谐社会的大环境下，服务行业的从业者都在想办法将人性化服务及贴心服务送到游客身边。例如，一些旅行社的导游员，为使游客能够了解当地的风情、风貌，自费送给每位游客一份当地的旅游地图和旅游指南。这使游客们可以一边听导游讲解，一边了解城市交通，不至于在自由活动时迷路。有的导游员，印制了名片，将自己的联络方式和这个城市的救急电话印在名片上，送给旅游团的游客，以备不时之需。老夫妻二人得到了一张由导游自己绘制的向导图和一张温馨饭店欢迎提示卡，使导游员和酒店的美好印象都深深地烙在了他们的心上。

案例思考

你会自费印制提示卡片吗?

5-18 午餐事件

案例介绍

一批我国台湾地区的同胞 22 人成团来内陆游览丝绸之路。按照计划，游客应于途中在安西招待所用午餐，预定 12:30 准时到达餐厅。

服务员们热情地招待客人，不久热菜、热饭就上来了。但是当上到 3 个菜之后，全陪小刘发现，怎么 10 多分钟过去了，一道菜也上不来了呢。经了解，原来是这个招待所来了领导用餐，厨师们正在为领导做菜。这突然的情况，让从台湾到内地旅游的客人看不过去了。他们认为，领导有什么特权啊！凡事应该讲个先来后到吧。

在大家的争论声中，领队对大家说："这也太不讲礼貌了，我们的菜连一半还没上齐就没人管了,我建议大家一起到里面和'领导'对话。"

这时，旅游团的游客非常一致，对着在单间内用餐的领导就喊，"如果我们团的5个菜再不上来，你这个当领导的也别吃饭了。"在里面用餐的领导，不太清楚发生了什么事情，经向服务员了解，才知道是自己的特殊身份让台湾客人生气了。这位领导马上走进厨房对工作人员讲，按规矩办事，不能有什么特例，我们来得晚，你们该怎么办就怎么办，不要让台湾游客留下不好的印象。出来后，这位领导还亲自向台湾客人赔礼道歉。

案例分析

领队在纠纷的处理中，表现出了将客人利益放在首位，为客人争取权益是对的，但其方法不太合适。首先，不应该让客人参与交涉；其次，情绪化和言行中的一些不当之处，不应在客人面前表现出来；其三，全陪在整个事件发生过程中，应起到主要的沟通和协调作用，只要将事态的发展控制好，就一定能够和平解决问题。

在本例中，游客和领队的激烈反应，是因为他们感觉自己没有受到别人的重视。如果全陪能够讲明情况，起到应有的作用，相信问题一定能够得到合理的解决。

案例思考

如果当时你在场，会如何处理这场纠纷？

5–19 香港团队在台湾遇车祸

案例介绍

由香港关键旅行社组成的香港旅行团40余人，于2004年10月17日抵达台北，10月18日前往台湾九份风景区旅游观览。下午2:00多，该团冒雨乘坐的旅游车在九份地区转弯时刹车失控，坠落山谷，造成5人死亡，32人受伤，4人受重伤的惨剧。台湾有关方面表示将全力救治受伤的游客，并尽快协助死伤者家属来台处理善后事宜。香港旅行社已为旅游者上了200万元的意外险。

据目击者称，当日下午雨天路滑，山区的雾特别浓，又是下坡，旅游车转弯不及刹车失控，坠入山谷。后来的调查证实，雨天有雾并不假，但是，司机的主观原因使他成为这次事故的肇事者。原来，这位司机一上路就在手机里与对方大声争吵，有的游客劝其要小心驾驶，他不听，而且情绪十分激动，后来，在出事前的两分钟，见到车子转弯时司机驾车的动作，客人们惊叫起来。结果，终于酿成大祸。后经查实，司机酒精度超标6倍之多。醉酒司机无异于公路杀手。

案例分析

在整个案例的描述中，并没有导游人员出现，但是，我们知道，一次旅游活动最重要的就是行程安全。目前，旅游活动所乘用的交通工具种类越来越多，有人喜欢猎奇，可以乘坐马车；有人喜欢探险，可以乘坐宇宙飞船。然而，不管是哪种交通工具，一旦有游客出现，导游员就有义务督促驾驶人员一定要做好自我安全检查工作。

预防交通事故的发生，导游员应起到如下作用：

(1) 在接待工作中应该具有安全意识，提醒司机做好安全行车工作。

(2) 在安排活动日程的时间上要留有充分的余地，不催促司机为抢时间赶日程而违章超速行驶。

(3) 遇有天气不好（如雨、雪、雾）、交通拥挤、路况不熟等情况，要主动提醒司机注意安全，谨慎驾驶。

(4) 导游人员须阻止非本车司机开车并提醒司机不要饮酒，如遇司机酒后驾车，要立即阻止，并向旅行社领导汇报，请求改派其他车辆或调换司机。

当交通事故发生后，导游人员一定要镇定自若，不能过于紧张。可以采取以下措施：

(1) 立即抢救重伤员，送往最近的医院。

(2) 保护现场。

(3) 及时报案。

(4) 安抚全团情绪。

(5) 写出事故报告。

案例思考

导游员如何劝导司机不要酒后驾车？

5–20 导游下跪引发的思考

案例介绍

例 1：

旅游车坠崖　女导游下跪求救

《华西都市报》在 2004 年 6 月 28 日头版有这样一则新闻：昨日，是安徽宿州商业学校 42 名教职员工最阴晦的一天。清晨 6:15，他们在江油市一下火车便踏上了前往九寨沟方向的旅游大巴，但 20 分钟后，大巴就在江油地区白川县境内与一辆货车相撞双双坠崖……

事故地点位于白川县桂溪乡金宝村，周围群山环绕，一条河流从中贯通，水面距公路垂直高度 6 米～ 7 米，其间为一近 90 度的陡坡。当坠崖客车被吊起，现场仍让人触目惊心。客车掉下的坡上植被全被压倒，河滩上散落一地汽车零件，水中还漂着乘客的鞋帽。不少村民正在水中打捞物品，旁边岩石上已放有手机、手表等物。一村民将破碎的汽车零件装满了一箩筐。据交警初步勘察结果，系两车迎面相撞后坠崖。

导游员讲了一个感人的细节：车祸后，受伤较轻的她拼命从窗户里爬了出来。爬到公路上时，她看见一群村民正跑过来围观，于是就跪下来恳求他们救人，村民们都伸出了援助之手。

例2：

导游下跪请求游客原谅

新浪网2006年10月8日消息：在10月5日上午7:00，许多参加无锡1日游的游客在上海体育场旅游集散中心购买了车票，准备踏上旅程。20岁出头来自淮安的姑娘小李，是无锡某旅游高校的大四学生，作为8号车的兼职导游员，刚取得导游证的她干劲很足，一路上讲解热情有加。

下午，由于3名游客临时变卦，不愿随团同行在鼋头渚坐船，小李左右为难，既不想得罪这3名游客，也不愿拖累大部队的行程。在3人的再三要求下，出于人性化服务的考虑，她放行了3人，并且约定了集合时间。没想到，此举竟成了之后闹剧的导火索。

下午5:00，本该是该车返程回沪的截止时间，离团的3名散客并没有如约出现在鼋头渚的停车场。这让导游员小李心急如焚，几次联系均未成功。几分钟过后，见导游员还没有发车的意思，一些乘客开始坐不住了，要求导游员给个说法。小李连声道歉，多次劝说他们稍等片刻，都没有奏效，一名穿红上衣的中年妇女要求小李下车自个儿去等，让他们先返程回沪。遭到小李拒绝后，一些游客下车表示抗议。

半个小时后，几名游客更加不耐烦了，认为小李的道歉没有什么诚意，“还想靠眼泪来博取同情”，好几个中年妇女连拉带拽地把小李赶下车后，要求小李联系旅行社，当场敲定赔偿数额。此举让尚处在实习阶段的小李有点不知所措了。为了保全自己的饭碗，在众人的指责中她下跪求饶，恳请大家手下留情。鼋头渚停车场上游人众多，这一幕招来了四面八方的旁观客，但几名50岁左右的妇女依然不依不饶地起哄，还高嚷着上海话辱骂小李“不要脸”。有游客看不下去了，替小李求情，却硬是让这十来个中年女游客给生生顶了回去。一次、两次、三次……小李几次下跪还是没有打动她们，直到景点停车场的安保人员上前劝退人群，扶起泪流满面的小李，闹剧才得以收场。

3名散客傍晚6:30才姗姗来迟，客车启程回沪。在返程路上，小李在一片维权声中拨通了旅行社的电话，说明了情况。最后，她自掏腰包赔偿了1500元（除迟到者外所有游客每人30元钱），这才得以勉强过关。

案例分析

在传统的中国礼仪行为中，“跪拜礼”是一种礼仪形式。而在上述这两个案例中，两位导游员的跪倒确有着不同的含义。

例1中，当严重的交通事故出现时，导游员看见围观的农民走来，为了求救，挽救旅游车上几十人的生命，她本能地跪倒在地，请求大家的帮助。这一跪，不仅仅将许多生命从死亡的边缘拉了回来，也使众人为之所动。

例2中，未经风雨的实习导游员小李，面对游客咄咄逼人地讨要“合法权益”和旅游市场上的“潜规则”，当两者矛盾不可调和时，这位涉世未深的年轻大学生采取了以“下跪”这种让人们看起来最为屈辱的方式乞求人们谅解。

同样的下跪却有着不同的结果。在例2中小李的下跪，应该是在旅游景点门票可以打折，景点内收费项目也可以拿回扣，而旅行社在拿着这些回扣的前提下又去进行压价竞争，由此形成恶性循环所导致的一个“恶果”。导游员未经请示，擅自同意3名游客离团单独行动，是违反操作规程的。引用一名游客的话来讲：“小李为自己的失职付了学费，相信这次挫折会让她成熟起来，尽快完成从青涩的学生到称职导游员的蜕变，面对自己工作中的失误，应该及时承担责任才不会酿成难以弥补的错误，下跪绝不是处理问题的办法。这次经历，是小李宝贵的经验教训。”从当事人的话语中我们可以看到，小李在处理突发事件的过程中，原则性不强、灵活性不够，是她今后在带团中应该着力改进的地方。

因此，当导游人员面对与类似上述案例的问题时，重点考虑的应是如何解决问题，而不是如何回避问题，息事宁人。当然，从另一个侧面看，在建设和谐社会的今天，仍有一些不和谐的现象。人们对导游人员的不理解、不尊重、不宽容、不友善，是否也勾勒出我们社会文明的某些缺憾呢？

案例思考

请对比两个案例，谈一谈自己的想法。

5-21 是谁在敲门

案例介绍

王老师和自己的老伴参加了“华东 5 市—黄山 8 日游”的旅游团，在第 5 天晚上，欣赏完美丽的外滩美景后，由地接导游员安排，住进了外滩附近的一家三星级宾馆。

第二天一早，全陪小李收拾好行李，到一楼餐厅用早餐，远远就看见王老师夫妇二人坐在走廊的沙发上，一脸怨气。小李问道：“王老师，起来这么早啊！走，到餐厅用早饭去！”此时，王老师冷笑道：“我可吃不下，我不是起得早，是一夜没睡！”原来，王老师和老伴拿到房间钥匙后，来到自己的房间休息，在凌晨 2:00 的时候，王老师感觉到好像有人在敲门，“这么晚？不会是坏人吧？”当老伴打开房门时却发现并没有人，老两口重新躺了下来。过了一会儿，王老师听到在房间里好像又有声音，仔细一听像是塑料袋发出的声响。老伴打开了床头灯，寻声过去一看，在装着小食品的塑料袋里，竟然是只老鼠，给小外孙买的上海糕点被老鼠咬得凌乱不堪。

接下来，王老师立刻给前台服务员打了电话，要求调换房间，服务员马上进行了更换。不过同样的事情，又再次发生在这个新房间里，气得说不出话的老伴，干脆把行李都拿了出来，在大厅的沙发上一直坐到了天亮。于是，发生了前面的一幕。

全陪小李立即和前台服务员进行沟通，要求对游客进行赔偿，并且退还夫妇二人的房费。此时，地陪也来到了前台，通过两位导游员的努力，房费虽然退还了，但是，二位老人却因为一夜的“折腾”显得疲惫不堪。

案例分析

王老师的房间里出现老鼠，前台服务人员对房间进行了更换，以上程序均无不当之处。但是，重新换房后，又出现了“老鼠敲门”的情况，使老夫妇二人无法容忍。虽然，全陪和地陪导游员能在退还房费问题上保持一致，保障了游客的利益，然而，一夜未眠却让王老师夫妇对旅行社的安排大为不满。

导游员在带团服务过程中，应尽量热情周到，耐心地去设法解决旅游者在各方面提出的要求。为了能避免意外情况的发生，地陪和全陪对游客所下榻的宾馆应事前进行检查，对卫生情况、房内设施、卫生间清洁程度等方面做到心中有数，出现问题要及时与宾馆沟通，使游客在一天的旅程结束后，能够在舒适、卫生的房间里得到充分的休息。

案例思考

王老师夫妇如果提出投诉，应该由谁来承担责任呢？

5-22 罗女士欧洲之游的烦恼

案例介绍

罗女士及其丈夫林先生，于2004年春节期间参加欧洲商务旅游，于1月24日8:40在汕头机场乘机经香港，转乘香港BRITISH AIRWAYS航空公司的028航班前往英国伦敦。乘机前，他们在汕头机场办理了两件行李托运，当地时间1月25日5:00左右到达伦敦后，在领取行李时，意外发现其中一件条码编号为0784CZ093414的行李包内存放的近万元物品不见了。据罗女士称，由于她与丈夫都不太懂英语，随团领队的英语水平也很差，而当地的地接导游员又进不了机场，他们在机场与有关人员比画了半天讲明有一件行李丢失，对方表示会进行调查。因怕耽搁整个旅游行程，他们只好先出了机场，心想行李应该能追回来。没想到，在欧洲旅游的10多天里，行李一直都没能找到。当时的欧洲天气寒冷，罗夫妇的衣服全都放在丢失的行李箱内，而因为整个旅程的时间安排十分紧密，他们几乎没有时间去购买衣服，整个旅程只好忍寒受冻，特别是在瑞士的雪山游玩时，因过于寒冷根本无心赏景。

回到汕头后，罗女士向旅行社提出赔偿，其理由是：领队不合格，不仅没有担当起翻译的工作，在处理行李丢失事件中也没有尽心尽力，沟通不畅，致使整个行程非常不愉快。

案例分析

旅游者的行李丢失现象往往发生在运输途中或搬运过程中。行李丢失会给游客带来许多生活上的不便，对出门在外的游客来说，旅游也索然无味。本例中的领队以陪同的身份一同出境，但是因其语言能力差，在罗女士出现行李丢失时，不能发挥作用，当视为失职。虽然，行李的丢失并不是领队的责任，但领队却应该积极、热情地对待，并认真协助寻找。

如在旅行中发现本案例中所提到的情况，如何处理呢？具体程序如下：

(1) 办理丢失手续。导游员应带领失主到机场失物登记处办理行李丢失和认领手续。失主须出示机票和行李牌，详细说明始发站、转运站，说清楚行李的件数及丢失行李的大小、形状、颜色、标记、特征等，并认真填写失物登记表；将失主下榻的饭店名称和电话告知登记处，记下航空公司办事处的地址、电话，以方便联系。

(2) 解决生活必需。游客在游览期间，导游人员要不时打电话询问寻找行李的情况。一时找不到，要协助失主购置必需的生活用品。

(3) 转告所有行程。

(4) 向航空公司索赔。如果行李确系丢失，失主应向航空公司索赔。

案例思考

本例中的领队处理游客行李丢失一事有哪些不妥？如果你是领队，会如何弥补？

5–23 “浪漫之旅”

案例介绍

2006 年高考刚过，4 位同学好友把所有的高考复习资料彻底地抛到了一边，第二天，便结伴参加了某旅行社组织的大连“浪漫之旅 4 日游”。

“年轻人在一起精力总是那样充沛”，全陪导游员小刘这样评价。在火车上十几个小时里，4 位同学谈天说地、吃喝打牌，没有人去回想刚刚过去的考试。这真是一趟名副其实的放松之旅啊！早晨 7:00，火车停靠在大连火车站，淡淡的海水味道扑面而来，进入地下通道，“极地海洋馆”的大幅海报便吸引了几位同学的目光。他们走在旅游团的最前面。一夜没睡的几个人，照样与其他游客一起开始了大连的行程。

第一天活动结束后，全陪导游员小刘到周边的超市闲逛，突然发现 4 位同学又没有回房休息，正准备打车出门。小刘非常担心他们的安全，问他们想去哪里。一打听才知道，这几位想喝百事可乐，可是在周围找来找去，都是大连本地产的“可口可乐”、“醒目”等饮料。为了一饱口福，4 位同学准备到火车站前的大型超市去购买。小刘笑着提醒他们抓紧休息，养精蓄锐，然后走进宾馆，心里感叹道：现在的孩子可真了得!

第二天，旅游车去往旅顺参观时，意外出现了，旅游车的后排始终躺着一位女同学，小刘还以为小孩子们终于玩累了，在车上睡觉休息呢！没想到，当车子快进旅顺市区时，一位同学找到小刘说："导游，我同学有先天性心脏病。她现在特别难受，能不能先把我们送到医院去啊！"一听有游客生病，全车的游客都紧张起来。其中最担心的就是全陪小刘，因为游客的安全是最重要的。小刘立即对其他游客说："车上的情况相信大家已经清楚了，耽误大家一会儿，进市区后我们先送同学去医院，大家有没有意见？""没意见，应该的！"在大家同意后，小刘将车上的其他游客交代给地接小赵，自己和病人及其他 3 个同学一同留在了医院进行看护，经过医生诊断，女同学并没有什么大碍，打了吊针后，大家又随团继续参观了。

案例分析

导游员在带团过程中要做到"关心、细心、耐心、贴心"。尤其发现游客身体健康欠佳时，导游员要及时询问，了解游客的病状，切忌擅自给游客用药，必要时送其到附近医院就诊或在宾馆休息，并通知宾馆服务总台安排送餐服务，所需费用均由游客自理。

如发生本案例中女同学在车上心脏不适的情况，导游员切不可惊慌失措，也不要背着病人上医院。正确的方法是让病人躺下，把头部略微抬高，让病人的家属、亲戚或领队等在其身上找药并让其服下；也可在旅游团询问是否有医生或护士，请求帮助护理。如果游客病情严重，导游员就得赶紧把游客送往医院抢救，一旦发现游客突患重病或出现生命垂危的情况，就要向旅行社汇报并请求帮助。

对于情况严重的游客，在抢救过程中，导游员应要求领队或患者家属在场，如无陪同人员，务必请旅游团的游客在场作证，随时了解患者病情的变化。若游客发生病危，导游员应提醒领队通知患者家属。当家属来到现场后，导游员要根据家属的要求，协助解决住宿、生活等方面的问题，费用均由患者家属自理。与此同时，导游员要安排好旅游团的活动内容，如有领队在场，全陪应继续随团活动，以保证旅游团的服务质量和活动的正常进行。

案例思考

当游客因病住院后，地陪、全陪、领队谁进行陪护更合适？为什么？

5-24 演出后的意外

案例介绍

孙先生一行 25 人和领队王小姐，已在闷热的旅游车厢内呆呆地熬过了两个半小时。泰国导游员和司机既不开空调、也不开车门，目的只有一个，就是要求游客必须参加自费项目。王小姐十分无奈地向大家解释，这个费用在行程里已经标明了，希望大家还是配合一些。眼看晚餐的时间就要到了，孙先生和大家低声商量："为了不吃眼前亏，还是先把钱交了吧！回去再投诉，合同是合同，不看也不该强迫咱们，看看能不能解决问题。"就这样，25 位游客只好极不情愿地将每人 800 元自费项目款交给了泰国导游员。

接下来，地陪导游员领着大家观看了一场令人瞠目的"人妖"表演。对于中国游客来讲，大家都是在传统儒家思想教育的影响下成长起来的，总感觉这样的演出有伤风化。但是，当演出推向高潮时，人们的惊诧声此起彼伏，许多游客都对泰国的这种独一无二的人文风情折服了，也明白了为什么泰国能成为极具地方特色的国度。

在演出结束时，孙先生十分好奇地发现，游客们都在往舞台前跑，领队王小姐告诉大家："游客们是要和'人妖'合影留念。"旅游团里的男男女女也觉得留个纪念不错，于是纷纷上前拍照。照片拍完后，大家刚要走的时候，却被拉住了衣服，此时 4 个体态魁梧的大汉走了过来，领队王小姐马上明白了，从自己包里拿出了 100 元人民币，大家才被放行。这突如其来的一幕，让许多游客惊魂未定，不知所措。出了剧场的大门，领队王小姐对大家说："这是泰国的特情，像这种合影是要付小费的，你们可不要以为是免费的！如果刚才不是我反应快些，这几个打手，可是会动粗的，不过，我刚刚付过的 100 元大家可是要平摊的呦！"

大家无语，回头看了一眼这个让大家心惊肉跳的地方，百感交集。

案例分析

走出国门的游客对异域风情了解不多，许多人往往会因为一个不小心而受到"处罚"。领队在旅游团中应当起到及时提醒的作用，将一些特情提前告知游客，以免出现本例中的情景。

在泰国观看人妖表演时，游客应该注意以下几个细节：

(1) 与人妖合影要付 20 ~ 40 泰铢，不能露出大额的钞票，有些"人妖"甚至会抢钱。

(2)"人妖"为了多拿小费，有的会故意拉游客的手去"摸她"，导游一定要提醒游客注意。这种"节目"收费很高，不要上当。

(3) 国情不同，对这种不熟悉和不了解的艺术形式不要进行评价，以免引起不必要的麻烦。

同时，领队也要帮助游客及时调整好心态，不要一味地以国内的经验套用在出国旅游中。提醒游客：东南亚民众文明程度相对较高，政治观念淡薄，经济意识较强，中国游客不要带有太强的政治意识，不宜谈论政治和宗教。中国游客大可不必把有些不满意的事情升级到政治领域。旅途中不可避免会碰到很多烦心事，游客应尽量放宽心胸，相信会有一个愉快的旅程。

案例思考

在本案例中，领队王小姐付出的 100 元小费应该由谁来承担呢？

第6章

前车之鉴 反躬自省

“上车睡觉，下车通道，景点拍照，回来啥也不知道。”这句话是一位旅游归来的游客对自己整个旅程的总结。细细品味其深刻含义，游客为什么会留下这样的感慨呢？

纵观我国导游市场，褒贬不一。对导游人员的投诉之声也是不绝于耳，探究产生这种现象的主要原因，大致有以下几种情况：

（1）部分导游员的服务态度、业务技能、知识水平等难以胜任导游工作。

（2）导游员私拿回扣现象。

（3）导游员强制购物。

（4）导游员擅自减少游览景点，增加自费景点。

（5）导游员缺乏职业道德和敬业精神。

旅游投诉的产生，有其主观和客观的原因。导游员自身综合素质的缺憾是很重要的一个方面。但近年来尤显突出的主要矛盾，来自旅行社为刺激客人的旅游消费欲望，采用了低价竞争的手段。一些旅行社为了求生存，把价格竞争的压力转嫁给了导游人员，使导游员除讲解外还要应对行程中的“先天不足”。而一旦游客发现个人利益受到侵害时，就将不满发泄到导游人员身上，进而导致旅游投诉的产生。

随着游客外出旅游次数的日益增加，游客也应多掌握一些基本的出行常识，以避免投诉问题的出现。如，市民出游前目标要明确，对出游目的地的景点、生活环境、生活习惯等要进行了解。要选择挂有“诚信旅行社”及“百强旅行社”标志的大旅行社。这些旅行社的导游员受过严格的岗前培训并经过严格的选拔，可以保障游客的切身利益。如果旅游途中出现的问题是由导游人员所致，游客一定要记住保留好证据，可以向旅行社所属地的质监所提出投诉。不过，需要提醒游客的是，维权要理智，不要将矛盾扩大，有些“过分维权”会对自己及他人造成不必要的损失。

1991年6月1日，国家旅游局颁布了《旅游投诉暂行规定》。此《规定》是以“保护旅游者及旅游经营者的合法权益，及时、公正地处理旅游投诉，维护国家声誉”为目的而出台的。这一法规的颁布与实施不仅保障了旅游消费者的合法权益，也督促着每一位导游从业人员支撑起“形象大使”这个响亮的称号，以减少或避免旅游投诉事件的发生。

6–1 把“游览”变“浏览”

案例介绍

刘女士和家人参加了某旅行社组织的杭州4日游。第二天的游程安排是“六和塔—钱塘江”。由于地接导游员协调不力，到达六和塔时天色已晚。导游员只好请游客隔着车窗远眺景点。游程结束后，刘女士要求旅行社退赔全部旅游费用，旅行社拒绝赔偿，随后，便出现了到质监所投诉的一幕。

根据《合同法》第一百零七条规定：当事人一方不履行合同义务或者履行合同义务不符合约定的，应当承担继续履行、采取补救措施或者赔偿损失等违约责任。因导游员行程安排不合理、沟通不力造成了刘女士未能游览六和塔—钱塘江，而导游员是受旅行社的委派，所以，旅行社应当承担违约责任。根据《旅行社质量保证金赔偿试行标准》第六条的规定，旅行社安排的旅游活动及服务档次与协议不符，造成旅游者经济损失的，应退还旅游者合同金额与实际花费的差额，并赔偿同额违约金。据此，旅行社应退还旅游者的景点门票，并赔偿同额违约金。

案例分析

在本案例中，导致游客向旅行社提出投诉的主要原因，在于导游人员对整个旅游行程没有进行合理的安排，沟通不畅，致使原本可以正常参观的景点，只能用“远眺”的方式来搪塞游人，最终被游客投诉到旅游质监所。

目前，我国旅行社企业在经营过程中，为了应对大量游客无人接待的现象，通过公开招聘的方式，把取得导游人员资格证书的人员吸纳到旅行社，并为满足接待工作的要求而进行严格筛选，最后经过岗前培训正式上岗接团，但是，往往容易忽视一个最重要的环节，即导游人员的“岗后培训”。有的旅行社经理非常感慨地说：“我们旅行社有近 7 成的投诉是由于导游人员不会协调或者服务水平不符合标准所致。”这种现象的确在当前的旅游市场上非常普遍，许多导游人员在处理问题、协调问题、解决问题等诸多方面能力欠缺，人际关系沟通不畅，使一些本来可以避免的投诉不可避免地产生了。这不仅给旅行社造成了经济损失，同时也失去了社会信誉度。

通过本案例我们可以看到，如果导游人员能够从旅行社的根本利益出发、从游客的需求出发，在旅游活动开始前就把一切安排妥当，旅行社就不会因为导游员的过失而被投诉和处罚。当然，这只是旅游投诉产生的一个方面，如果旅行社能够严格把好导游人员的“质量观”，相信类似情况就不会发生了。

案例思考

导游员在带团服务中，是否考虑到了旅行社的利益和声誉？

6-2 半夜敲门收小费

案例介绍

对于第一次走出国门的小刘夫妇来说，蜜月旅行选在菲律宾的长滩岛非常惬意。两人准备在最后一晚好好休息一下，早早就睡下了。可是，门外传来了急促的敲门声，小刘被吵醒后，打开房门，原来是导游员“上门服务”——收取全程的小费，每人每天5美元，6天每人共200多美元。小刘大怒，认为导游员的服务不足以让他付出这么昂贵的“小意思”。导游员认为关于小费的问题出行前已经写在行程里了，游客应该支付。最终的结果小刘不想在最后一天被“小意思”弄得没意思，还是支付了小费。当两人回国后向旅行社投诉时，被告知小费问题不在受理范围之内，而且游客已经支付了，说明是自愿的。小刘夫妇十分生气，只能自认倒霉。

案例分析

小费是国外的一种习惯，是对提供服务方的一种认可和感谢，如果小费变得不情愿就失去了小费的意义，即所谓“小意思要付得有意思”。因为小费问题涉及个人的经济利益，而且各国国情又不一样，所以，现阶段在我国比较容易产生分歧。国内支付小费的现象尚不普遍，但国外的服务行业的员工收入基本都靠小费。所以，一般旅行社在出境游前，都会在合同或行程中注明小费的金额，但不应该强迫游客支付。

为了避免此类事情的出现，小刘可以采取以下方式：

(1) 事先与旅行社确认好小费情况。

(2) 适应国外的习惯，如果服务还可以，建议支付小费，但如果小费金额过多，个人承担不了，可以酌情处理。

(3) 如果不满意服务也应该在当地及时解决，尽可能不把问题带回国，支付后再回国投诉没有意义。

我国法律中没有明文规定小费的问题，但相关法规中却有明确规定，导游人员不得向游客索取小费，如果索取，则按小费金额的两倍予以处罚。

案例思考

在我国，导游员收取小费是合理现象吗？

6–3 领队未尽职责　老翁受冻到天明

案例介绍

我国台湾地区游客王先生是一位年已 80 岁的老翁，心里向往北欧峡湾冰河天然景致已久。经多方打听、比较后，他慎选了在旅游业界颇负盛名的某旅行社，并参加其所主办的“俄罗斯东欧 17 日之旅”。途中因领队未尽其职，致使游客两度迷失于异国，甚至有一夜受冻至天明。回到台湾后，王老先生向台湾地区“观光局”、消费者基金会及台湾地区旅行业质量保障协会等部门提出申诉。内容如下：

（1）该团在俄罗斯观赏芭蕾舞表演时，领队把王先生单独安排在一个与其他团员相隔甚远的位置，并未预先告知何时散场及集合地点，待第一幕结束，演员出来谢幕鞠躬后，王先生怕自己跟不上团队，遂匆忙离开表演厅，却四处寻不见其他团员与游览车，只好自费搭出租车返回饭店。

（2）领队带领该团到当地著名的“上海餐厅”用完晚餐后，未清点人数，即带队离开，而忽略了因肠胃不适，在洗手间停留一些时间的王老先生。致使王先生在语言不通、夜色已暗的情况下，几经周折才孤零零地步行回到饭店。

（3）当夜住宿于赫尔辛基旅馆时，他于睡梦中被领队摇醒，因另两位游客的房间严重漏水，须临时更换房间，王先生被安排到一人房，然房内既无洗手间也无毛毯，又与服务生语言不通，领队未安排妥当就消失了，害得王先生只好穿着毛衣冻至天明。天亮后，才找到其他游客，烦请他人带路找到公用卫生间解决内急之苦。

此件投诉案经协调，旅行社对于领队疏于照料王先生而深表歉意，并亲临其住所返还5000元新台币，此事平息。

案例分析

在旅游活动中，常会遇到团员当中有年纪较大、身体不适、行动不便或其他特殊状况的游客。领队应提高注意力，并妥为安排与照顾。王先生年纪较大，出境旅游言语不通，然而领队却将其安排一个人独坐，且未明确告知何时散场，确有服务之疏失。此外，领队在集合登车前务必要进行人数的清点，但因工作中的不细心而导致了老先生步行回酒店的结果。

深夜更换房间一事，虽然属于意外情况，但无论如何应先将王老先生安顿妥当，并巡视房间的必要设备有无缺损，如有缺损应尽速请服务生解决。此团领队更应将自己的房间号码告诉老先生，以使其在需要帮助时，方便找到领队。同时，在重新安排的房间里，降低了住宿标准，使年岁较大、身体欠佳的老者冻至深夜无法入睡，在精神上受到了一定的损伤。

作为一名合格的领队，应该集责任感、热忱的服务态度及耐心、爱心于一身，秉持“老吾老，以及人之老”的胸怀，以诚相待，规范服务，树立旅游企业的形象，注重口碑，牢记只有“服务至上”才是企业生存之根本。

案例思考

出境旅游团队领队的职责是什么？

6-4　导游员伤人事件

案例介绍

2007年4月1日16:30，丽江市公安局古城分局“110”指挥中心接到报案：“四方街有人手持刀具捅人”。接到报案后，“110”指挥中心立即向辖区古城公安派出所及巡警下达了案情指令，同时，向公安分局领导汇报了情况。市、区公安局领导接到案情报告后，按照丽江市公安机关处置重（特）大案（事）件预案立即调集警力赶赴现场。接到警情的辖区派出所民警及公安巡警在16:35左右到达现场附近时，见到很多人，包括被犯罪嫌疑人捅伤的游客由同伴或家人搀扶着纷纷往古城外跑。到场民警及时组织人力将伤者送往医院，同时根据现场群众提供的线索，迅速沿犯罪嫌疑人逃窜的路线进行追捕。16:45 左右，公安民警与协勤人员在丽江古城新华街黄山下段 58 号住宅，将犯罪嫌疑人一举抓获。

犯罪嫌疑人徐敏超，男，汉族，1982 年 3 月 18 日出生，毕业于吉林市北华大学电子商务专业，大专文化，系吉林市雾凇旅行社导游员。

根据犯罪嫌疑人徐敏超交代及案件初步调查，4 月 1 日上午，犯罪嫌疑人徐敏超作为全陪导游员带领 40 人的吉林市“夕阳红”旅游团到达云南省昆明市后，由该市“大家旅行社”负责接待。该旅行社指派导游员彭某随团于当天下午 15:00 从大理乘车到达丽江。该团到达丽江后，首先游览了丽江古城，随后解散自由活动。犯罪嫌疑人徐敏超与昆明地接社导游员彭某因旅游地点改变而吵嘴，随后两人分开，彭某弃团而去。紧接着，犯罪嫌疑人徐敏超跑到一个经营玉器、银器等旅游商品的个体商铺，声称借刀。商铺女主人的妹妹随手将一把生活用刀拿给他。犯罪嫌疑人徐敏超接过刀即刻顺手捅伤商铺女主人的妹妹，之后持刀逃窜，沿途见人就捅，先后捅伤 20 人。其中，外省游客 15 人，本地居民和在丽江经商人员 5 人。据公安人员调查了解，犯罪嫌疑人徐敏超在团队游览途中，曾向本团游客谈到自己父母离异的情况。据悉，徐犯当时还掉下了眼泪，内心极为郁闷；但还有另外一种说法，认为是导游之间分钱不均而导致了这一恶性事件的发生。

云南省丽江市中级人民法院于 2007 年 12 月 25 日，对吉林市导游员徐敏超在丽江古城持刀刺伤 20 人的案件作出一审判决：被告人徐敏超，犯以危险方式危害公共安全罪，判处有期徒刑 15 年。

案例分析

(1) 旅游安全是旅行社经营与发展的前提和基础,导游员的素质、修养及安全意识直接关系到旅游的安全。

(2) 旅行社须对导游人员加强心理素质教育，应定期不定期地请心理咨询专家或业内资深导游员为在职导游员进行心理辅导，以缓解导游员的心理压力，提高导游员的心理素质及应对突发事件的能力。

(3) 应重视导游人员生存状况。一方面，旅游市场竞争日趋激烈，造成利润空间逐步缩减。当旅行社、景区都力保自身利益不受或少受损失时，导游人员的利益缺乏有效的保障机制，导游人员面临生存压力，只好磨快宰客的刀，于是“买团”、“回扣”变成了尽人皆知的“潜规则”。另一方面，旅行社不养（或者养不起）导游人员，自然就谈不上有效约束导游人员，本来就不高的从业门槛，导致导游人员素质参差不齐。用一位老导游的话说：“导游既是行业欺骗的帮凶,又是行业混乱的替罪羊。”如何规范导游市场,使类似“分赃不均”所致的各种冲突事件不再发生，是值得深思的。

案例思考

如何看待一位刚刚毕业的学生，会做出这样的极端行为？

6–5 退货引起的纠纷

案例介绍

2006年6月12日～17日，张女士参加了某旅行社组织的港澳双飞6日游。14日，地接导游员带领大家来到了合同约定的香港某商店购物，经服务人员和导游员的推荐，张女士花4000元购买了一台据称是600万像素的摄像机，同时，商场开出了发票，但票面上只注明了商品的名称和价格。旅游结束后，她才从说明书上得知该摄像机只有300万像素。张女士认为受到了导游员和商家的欺骗，于6月19日找到了旅行社，要求由他们负责退货。

案例分析

本案的焦点是，旅游者是由地接旅行社导游员带到合同约定的商店购物后出现问题，重点是张女士认为，这款摄像机是在导游员与商家共同推荐下所购。因此，导游员负有责任。依照我国《导游人员管理条例》第二十四条规定：导游人员进行导游活动，欺骗、胁迫旅游者消费或者与经营者串通欺骗、胁迫旅游者消费的，由旅游行政部门责令改正，并处1000元以上3万元以下的罚款。在本案例中，由于张女士没有证据证明其购物是在受领队欺骗的情况下发生，只是在地接导游员和商店服务人员的推荐下，自己做主决定购买了此款摄像机。其购买行为完全出于自愿和自主性选择，且未受到强迫，完全属于个人行为。因此，组团社领队不承担责任。但由此我们应吸取如下教训：

(1) 在出境旅游中，由于相当一部分游客带有购物目的，而且国外商品琳琅满目，在销售人员的宣传促销下，游客很容易“冲动消费”，买到质次价高的商品。因此，领队应事前提醒游客保持冷静的头脑，做成熟的消费者，从实际需要出发，慎重购买贵重物品，不能轻易相信别人的鼓动和介绍，“货比三家，三思而后行”。一旦购买商品后，应要求商家出具详细的发票，尤其是对商品的质地、成分、规格和主要功能等，要有详细的说明，并仔细浏览产品说明书。

(2) 领队和导游人员应巧言回避做游客的“购物参谋”，以免欺骗之嫌。

(3) 作为旅游定点购物商店，在经营中应以诚信为本，维护本商店的声誉及品牌等无形资产，切忌欺诈和胁迫。

案例思考

在境外购物环节中，导游员应如何处理好与游客之间的关系？

6–6 一团分两派

案例介绍

2006年12月14日，一个由40人组成的四川省旅游团队赴海南旅游。刚玩过3天，12月17日就有23位游客认为导游员不称职，并联名向旅行社投诉，要求旅行社调换导游员，表示如果不换导游员他们就待在酒店里不走了；而其他 17 人则认为导游员没有任何过错，他们和导游员相处得非常愉快，如果换了导游员他们就不走了，导致正常的旅游行程被耽误，大家谁也不能出去游玩。

经询问了解，这些联名要求换导游员的客人们全都来自四川，每人花了 1400 元参加了三亚双飞 5 日游，12 月 14 日到达海南。当他们来到博鳌佛禅寺游玩时，团队中有些游客要去冲浪，而他们 23 名游客想去看海，双方意见不合，而最后导游员小熊撂下他们 23 名想去看海的游客不管，把他们扔在路边整整 2 个小时。他们气愤地说，让人感到失望的还不止这件事。当他们来到台湾村时，导游员只带了 15 名买了门票的游客进入园内游玩，让大家没想到的是，当其余的多数游客决定买票进园时，却被告知导游员已和售票处通过气，让售票处不要卖票给他们，原因是他们没有钱消费。对此，他们深感恼怒，经大伙一起讨论后，决定联名要求旅行社更换导游，否则他们将闹得整个团队都不能出去游玩。

对这起 23 人联名要求更换导游员的投诉，同一团队另外 17 名游客却持不同意见，一位周先生说："熊导游整个旅游过程中没有任何过错，也没有任何强制游客消费的行为，是他们 23 人认为自己已经交了 1400 元的费用前来旅游，其他自主消费的项目一概不愿参加。大家出来旅游，寻的就是一个开心，现在他们什么都不消费，搞得我们想消费、想出去玩都玩不成，还不断地恶语伤害导游员。归根结底，他们这些人就是不想出钱。"而一位彭先生说："他们一分钱都不想出，目的是想要旅行社包干。说句良心话，你要出来玩，就要有一定的消费意识。这些人的消费观念有问题，与他们在一起，真是丢人。我们与熊导游相处在一起，觉得他各方面都不错，如果中途换导游员，我们肯定不出去，除非旅行社把他们与我们分成两个团，否则，大家一起耗，看谁耗得过谁。"

针对此事，导游员小熊非常郁闷地说：“我在旅游行程中并没有任何过失，只是向他们推荐了一些自主消费的项目。这些都是自愿的，有些客人愿意出去玩，而另一些人则不愿意花钱消费，从而导致双方产生了一些矛盾。这让我也很难做。但出于对海南及对导游业的热爱，我还是尽心尽力地服务好这些客人。没想到还是有人存心让我难堪，有意刁难我，幸好还有一些客人支持我，否则，就是跳进黄河也洗不清‘甩团’的罪名了。现在我就像哑巴吃黄连，有苦说不出，别提有多郁闷了。”

此事出现后，千手旅行社的常务副总刘健表示，这是一个在旅游中经常遇到的问题，但不管怎么说，出现了这样的问题，还是说明我们的导游做得不够好。为了不影响团队的正常行程，千手旅行社决定另调一名导游员与熊导游一起带团，让调来的导游员负责解说，熊导游配合。

案例分析

在我国，旅游热点地区的景点有的是依山傍水，利用现有资源，还有一些是人工造景。不论哪种景观，其主要目的就是招徕游客，促进地方经济的繁荣和快速发展。导游员作为地方经济快速发展之纽带和桥梁，担当着重要的角色。但有些导游员不惜以损害游客的利益为代价，与景区合作，带游客参观，抽取门票的高额回扣。由于外出旅游的消费者也处在市场经济的环境中，从盲目消费向理智消费过渡，对导游员大力推荐自费项目的真正用意许多游客都心知肚明。因而，他们拒绝被导游员狠敲一笔，采取拒绝参观的方式，结果导致了本案例中出现的纠纷。

从另外的角度来分析本案例，经济条件相对比较优越的游客，他们对于花费多少并不十分在意，更注重的是整个旅途能够玩得尽兴。所以，游客的态度分成了泾渭分明的两派，让带团的导游员也无可奈何。旅行社经理在处理问题时，深有感触地说：这是个“常见问题”，说明了行业需要有更加严明的制度来进行约束。熊导在整个事件中虽然没有明显的过失，但在一些细节问题的处理上却有欠考虑，忽略了大部分游客的心理感受，在门票销售上参与了个人意见，令游客大为不满。因此，导游员要使得每一位游客都留下深刻印象，就要一切从大局出发，以游客利益至上为服务理念。

案例思考

当全体游客都不同意参观自费项目，而你又有“人头费”的压力时会怎么办?

6–7 面对不可抗力因素的影响

案例介绍

在旅游合同中一般都有这样一行字：因不可抗力因素造成旅游活动不能正常进行，旅行社不承担任何责任。那么，什么是不可抗力因素呢?

在旅游活动过程中，不可抗力的影响是客观存在的，谁都回避不了。不可抗力的范围一般可包括两种：一种是因自然原因引起的，如暴雨、冰雹、地震、海啸、雷击或台风等，各国法律一般都承认这类严重自然灾害属于不可抗力；另一种是社会原因引起的，如战争、政府法律、法令的颁布或改变，政府行政的干预等。导游员在带团过程中偶尔也会碰上不可抗力因素。在旅途中常见的不可抗力因素的影响有：大雪封路、台风影响船只不能起航、大雾能见度低飞机不能起飞、洪水冲垮铁路、大桥交通阻断或旅游目的地发生动乱等。由于这些原因迫使导游员不得不改变原定活动日程，不得不取消计划中的某些项目。面对突如其来的不可抗力因素，导游员应该如何面对呢？

案例分析

行程中突然遭遇不可抗力的影响，这会给旅游团带来十分严重的后果，虽然责任不在导游员，但游客的内心是非常焦急的。这时，导游员要立即向旅行社汇报，并请求指示和支援。根据旅行社领导的要求迅速与领队、全陪紧急磋商对策和下一步的工作打算与安排，然后要安抚游客，做好耐心的解释工作，争取游客的理解和支持。最后再将商量好的打算与安排向游客宣布。在此期间，安排落实好弥补措施是至关重要的。比如，打算要去的景点不能次于计划去的景点，要用更好的景区替代计划去而不能去的景区；宾馆的住宿和用餐也都要好于原计划，必要时可请旅行社领导出面向游客表示歉意和慰问，也可赠送一些礼品。最后，导游员切莫忘记应与领队、全陪共同草拟一份情况说明书并重新签订旅游合同，以防事后出现投诉或合同纠纷。

案例思考

导游员在带团中如果遇到不可抗力因素所导致的行程中断，应采取什么方式向游客解释？

6–8 导游推销自费活动 原定游览时间缩水

案例介绍

在外企工作的刘先生平常工作繁忙，想利用暑假带小孩子来个全家旅游，经选择，决定去语言可以沟通的新加坡。在寻找旅行社时，刘先生也知道目前许多东南亚旅游团，如新加坡团大多是购物团。他希望此次旅游能带小孩子多玩玩，而不是走马观花。因此，特别选择了旅行社所推荐的非采购——纯玩团。团款虽然比一般采购团高出许多，但让刘先生没有想到的事情还是发生了。

抵达新加坡的第一天，原定行程要进行市区观光，而导游员却匆匆忙忙地让大家看完市区，将第二天圣淘沙岛半天行程挪到第一天下午 6:30，只看了 15 分钟的海底世界就已天色较晚，剩余的时间就只能看看水舞了，真是扫兴极了。接下来的 3 天时间，参观行程更是蜻蜓点水，有些行程导游员竟故意不带团员去参观。还好刘先生当时和导游员据理力争，才得以入内参观，所有原定行程都是短暂停留，最后剩余的大量时间被导游用来推销自费活动，介绍并怂恿刘先生等人参加。团队游客当时曾经向旅行社派出的领队反映，领队却也无可奈何，任凭导游员为所欲为。另外第 4 天在新加坡机场准备搭机回国时，刘先生等 3 人将护照交给导游员办理登机手续时，待将护照领回准备出关时，意外的事情发生了。刘先生一家 3

口人的出境卡被遗失了。当时，刘先生立即向导游员求援，但导游员却不理不睬地离去了。领队也去照顾其他团员出关了，刘先生等3人在求助无门的情况下，只得请教海关人员并自行办理完出关手续。基于上述种种情况，回国后，刘先生把组团旅行社领队及新加坡地陪导游员一同投诉到国家旅游局。

通过协调，组团旅行社代表及领队除当面向刘先生致歉外，也表现出处理的诚意，愿作部分弥补，组团旅行社通过与新加坡观光局及地接旅行社接洽，同意退还刘先生一家在新加坡自费活动所支出的费用，最后由组团旅行社补偿刘先生一家2300元人民币，领队以书面形式向刘先生致歉，至此双方达成和解。

案例分析

在本案例中，刘先生当初在选择旅行社时，知道旅游市场分为采购团及非采购团，为不想在购物店里浪费时间，宁愿选择费用高出许多的非采购团，无非是想追求一定的旅游质量。既然刘先生一行所缴费用是一般合理正常的价格，当地旅行社及导游员就应当按一般正常的团队来操作，而不能像购物团一样对待，为了“人头费”和“购物回扣”而降低服务质量。

在整个行程中虽然注明是车游市容，不能仔细看，但也应给予旅客适当的时间好好回味。导游员为了节省时间推销自费项目，草草结束行程内的景点，应负一定的责任。在旅游服务行业，许多导游人员，甚至组团旅行社也认为，只要把旅客带到参观点就算履行了契约责任，所以常常发生团队到了一个很大的旅游参观点，却只给旅客10分钟的时间游览，甚至只让下车拍张照片就算是“到此一游”了。其实，这些都是不当的做法，尤其对于高价“纯玩团”游客而言，回国后免不了又要引起旅游纠纷。

其实，避免上述投诉的发生并非束手无策，只要地接导游员能够合理地利用旅游时间，推销自费活动，能够尊重游客意愿，或许就能收到不错的效果。

案例思考

导游员在向游客推荐线路时，应该“实话实说”吗？

6-9 出国被恐吓

案例介绍

小鹏和一群好友都出生在20世纪80年代。大家刚刚走出大学校门，积蓄不多，可总想走出去看看外面的世界。由于考虑经济因素，大伙决定选择到泰国旅游，一来费用相对便宜，二来泰国的水上活动很多，比较符合他们的喜好。于是他们找了某国际旅行社报名参加了泰国6日游，一行总共11人。

出发当天，小鹏一行到机场集合地点找到了领队。领队将机票及登机证发给大家，并告知登机口后，就解散各自登机了。登机后，团员们想互换座位，然而，却找不到领队，只好自己处理了。一行人抵达泰国后，上了旅游车，领队没有介绍自己，也没介绍导游员，径自坐在座位上，而导游员也仅仅简单介绍了一下自己，就请大家暂且休息，准备吃午饭。而小鹏一行人兴高采烈地出国旅游，抵达泰国后，心情更加兴奋，原本期待领队和导游员会介绍一下泰国有什么好玩的或好吃的，没想到却叫大家睡觉，大家都觉得非常扫兴。

用完午餐后，导游员便开始连威胁带恐吓地推销起自费项目。他说：“我知道你们广东人很有钱，拿了大把的钞票来泰国玩，却又舍不得花钱，又把大把的钞票带回去。年轻人，年轻的时候就要好好享受，如果你们想要我的服务好，最好参加自费行程，你们仔细想一想，是要省钱还是要好的服务，不要等到大家翻脸，彼此难看。况且泰国的枪支非常泛滥，治安也不怎么好，你们不跟着我，到时候被抢或发生任何意外，我可没办法。”在导游员这种半威胁半恐吓的情形下，为了“破财免灾”大家极不情愿地全部参加了自费行程。

当该团踏入返程的机舱时，几乎所有的游客都感到一种心理上的压抑。回国后，游客将组团旅行社和地接导游员一并告到了旅游质监所，希望能够得到一个合理的答复。

案例分析

在本案例中，小鹏等人自我意识较强，也知道该如何来维护自己的合法权益，可是一到泰国当地，就遇上了“语出惊人”的地接导游，使大家所有的热情都化为了恐怖，被逼无奈之下，参加了自费项目，从经济上和精神上都受到了一定程度的损失。而领队在整个过程中却没有承担起相应的责任。这种情况的发生，大多有两方面的原因：一是领队没有出境带团经验；二是怕得罪地接导游员。因此，在整个活动中没有及时解决问题。游客在出境旅游中，语言不通、举目无亲，领队即是游客最近的朋友和唯一的依靠。领队对游客的帮助必不可少。在本例中，办理出入境手续、登机等程序，都可能成为首次出境游客的障碍，而此时领队的缺席会让游客十分失落，也失去了方向。在泰国当地旅游的时候，地陪抓住游客人生地不熟的心理，采取“语言恐吓”的方式，使游客们只能屈从地参加自费项目。而此时的领队却再一次的不作为。所以，游客的投诉是有效的，但这也是目前东南亚旅游的普遍现象，由于“零团费”

和“负团费”的出现，导致了现存情况的混乱，需要改进的不仅仅是地陪及领队，还有整个旅游行业的规范。

案例思考

如果你以领队的身份首次带团出境旅游，会做哪些方面的准备工作？

6–10 导游中途甩团

案例介绍

2000年8月，广东游客何先生与女友二人参加了武汉某国内旅行社组织的“长江三峡4日游”散客旅游。旅行社报价880元，包括交通、住宿、餐饮、景点第一门票及游览期间景点导游服务等。何先生要求在奉节和宜昌分别入住夔州宾馆和葛洲坝宾馆，并且由武汉组团社委派导游员，负责其二人在三峡沿线各旅游景点的全程导游服务。旅行社因此加收了住宿费600元和导游费用300元。然而，在旅游过程中，该社导游员张小姐态度不积极，对三峡周边许多景点不作讲解，也不说明上、下船的时间等注意事项。从奉节返程开始，张小姐就不见踪影。何先生在宜昌下船后，自行乘车回到武汉，于是，便以旅行社委派的导游服务质量低劣，中途抛弃客人为由，向质监所投诉，要求旅行社赔偿其全部旅游费用，维护其合法权益。

接到投诉后，该旅行社对游客在旅游途中因导游服务质量不达标而引起的旅程不愉快深表遗憾，并就赔偿事宜提出，因旅行社已为游客安排了合理的旅游行程及舒适的酒店住宿，并支付了交通、景点、住宿等相关费用，因此，不应退还所有旅游费用，而仅退还游客返回武汉的车费和与导游服务相关的费用。

案例分析

在本案的处理中，根据《旅行社质量保证金赔偿试行标准》第九条："导游在旅游行程期间，擅自离开旅游团队，造成旅游者无人负责，旅行社应承担旅游者滞留期间所支出的食宿费等直接费用，并赔偿全部旅游费用30%的违约金。"武汉旅游质监所裁定，退还投诉人返汉车费每人120元，赔偿违约金每人399元。导游员张某，在带团过程中对游客置之不理，缺乏职业道德，严重损害了湖北省旅游形象，质监所根据《导游人员管理条例》第二十二条，给予其警告并暂扣导游证3个月的处罚。

导游人员的行为代表着旅行社的形象，其职责是履行所属旅行社和旅游者之间的旅游合同。所以导游人员有义务、有责任维护旅游者的利益，尽职尽责地为旅游者安排好旅游线路、游览行程，提供高质量的导游服务。导游人员工作过程中因失职、违反行业规定造成旅游者的损害，首先由其聘用单位向旅游者承担赔偿责任。如果由于导游人员与工作无关的行为造成旅游者的损失，应由导游人员直接对旅游者承担相应法律责任。

案例思考

导游员甩团会产生什么样的后果?

6–11 导游员该负赔偿责任吗

案例介绍

王女士和老伴两个人到北京旅游。到北京的第二天，由导游员引领，进入一家定点商店购物，喜欢收藏新鲜玩意儿的王女士的老伴，挑选了一只据说是末代皇帝溥仪使用过的鼻烟壶，而且价格不菲。王女士不放心，想让导游员给鉴别一下，她觉得刚才导游员在旅游车上说得不错，也许是个购物行家。于是，她把导游员叫到跟前儿，请她仔细看看这个鼻烟壶是否货真价实。导游员接过鼻烟壶认真地看了起来，接着似模似样地说："东西不错，值得收藏，但价格上有些贵。"此时，王女士夫妻二人可高兴了，连导游员都帮着讲价钱，这可真不错。商场的服务员在讨价还价后终于同意便宜200元，王女士对老伴说："你可没白来，又得一宝贝。"正在这时，司机叫导游员送瓶水给他，导游员一急，将手中鼻烟壶随意一放。谁知没放好，一下子掉到了地上。导游员马上把落在地上的鼻烟壶捡了起来，眼见好端端的东西摔掉了一个角儿。大家顿时变得很尴尬，购物店的老板一见此景，马上说："这个问题你们得内部解决，东西你们拿走，钱得交上。"王女士老两口没办法，把钱交给了收银台，导游员连声赔礼道歉。旅游结束后，王女士想来想去，拿着买来的"宝贝"将导游员告到了旅游质监部门。经过协商，导游员承担30%的购货款。王女士也同意了这样的调解结果。

案例分析

通过本案例，给所有的导游人员提了醒，在为游客选择商品时，一定要注意主次关系。导游员应以本案例为鉴，不能左右客人的最终决定，即使游客盛情邀请帮助选购，也要把握好尺度。同时，还应看到，做好导游工作仅仅具有良好的愿望和出发点是远远不够的，必须把工作做得越仔细、越周到越好。这样才能使游客真正得到帮助和实惠。否则，如本例中所示，好心办坏事，更容易导致客我之间的关系恶化。在与游客相处过程中，双方应尽量建立起和谐、友善的关系，但导游员与游客之间又必须适当保持一定的距离，一旦在相处过程中出现问题，要把“游客至上”这条服务准则作为处事的原则，在优质服务和针对性服务的基础上，给予游客满意的答复。

案例思考

导游员如果拒绝帮助游客选购商品，是不是就可以避免此类事情的出现呢？

6–12 因报复游客引发的投诉

案例介绍

不顾旅途疲劳的 4 位年轻游客，一下火车就拿着行李驱车来到旅行社。他们推开旅行社总经理办公室的大门，把行李丢到经理办公桌上，气势吓人，要求旅行社赔偿其损失并对导游员进行处理。原来，这几个人一同参加了厦门6日游的旅游活动，按照旅游合同规定，游客用餐自理，往返行程为“一飞一卧”（去是乘飞机，返是乘火车）。游客抵达目的地后，这4位游客对地陪导游员的讲解服务及游览活动安排等都有意见，因此，他们经常在所有的客人面前指责地陪。故而，地陪心里非常不平衡。谁想，正因如此，导致其他本来没有意见的游客对地陪的意见也越来越大，双方矛盾越来越尖锐。最后一天，这4位年轻人在吃午餐时喝了一点酒，上车前去了趟洗手间，超过了集合时间，旅游车没有等他们就开走了。事后，地陪导游员解释说是忘记了清点人数。可4个年轻游客一致认为，地陪就是在有意“报复”。他们人生地不熟，无奈，只得通过求助110才找到了旅游团所下榻的宾馆。

案例分析

该起旅游案例主要是旅行社的导游服务不到位，缺乏应有的职业道德，采取报复手段，擅自把游客扔在餐厅造成的。其实，在旅游过程中，游客对旅行社及导游人员有意见、有看法是一件很正常的事情。导游员只要认真听取游客正确、合理的意见并加以改正，深信广大游客是能够通情达理地给予谅解的。然而，有些导游员不但没和游客多交流沟通、多听取意见，反而想方设法“调理”游客。这种导游人员在行为修养上不符合要求。除此之外，导游员要针对大多数游客的共同要求做好规范服务，还要能针对个别游客的特殊要求提供细致、周到的个性化服务，这样才能体现“细微之处见真情”。

对游客而言，如果碰到素质较差的导游员，一是可以直接向当地旅游质监部门投诉；二是可以向地接社提出更换导游员的要求，这样或许能减少和缓和矛盾，使旅游活动比较顺利地进行下去。

案例思考

导游员如何应对游客的指责?

6-13 以老乡的名义行骗

案例介绍

孙先生休年假，陪伴自己的母亲去香港玩了一趟。回来的时候，旅游团一行从珠海入关，一位地接导游员按照既定的行程安排，带着孙先生及其他游客进了一家珠宝行。店员热情地接待了大家，在交谈中，店员看似漫不经心地问大家是哪里人，当得到宁波人的回答时，店员惊呼道："啊呀，我们老板就是宁波人，老乡啊！"果然，一会儿老板就出来了，一口一个老乡，感叹异地闻乡音真是缘分！原本老板表示要请大家吃午饭以尽地主之谊，在得知因为行程安排我们必须赶在中午前离开时，老板当即拍板："让利老乡，所有珠宝打一折。"孙先生的这个旅游团里年纪大些的游客比较多，大家一听这么便宜，个个都欣喜万分，争先恐后地购买。

上了火车，孙先生一行还在美滋滋地念叨这次遇上老乡捡了个大便宜呢，却听到隔壁北京旅行团的人也在说什么老乡一折优惠。怪了，那老板明明是咱宁波老乡啊！结果，几个旅游团的人一对，就发现问题了。一个火车上，但凡去过那家店的，都享受了老板的"老乡优惠"，同样的珠宝从 2000 元到 800 元，价格差异惊人。显然，其中必有猫腻。一下火车，孙先生整个团就急忙找了个地方作珠宝鉴定，结果发现大家买的东西全是假货。当即大家马上与珠海的导游员取得联系。导游员似乎已经忘记了十几个小时前刚发生的事情，不予理睬。大家的情绪被激怒了，于是，做出了一个决定，向宁波组团社投诉，请他们帮助解决。

孙生生和大家在等待中度过了十几天，没有任何消息。这下可把孙先生给惹火了，于是，大家向媒体和有关部门举报，旅行社迫于舆论和有关部门的压力，最终同意退货。

案例分析

旅游业是第三产业中的一个重要产业。导游人员在工作中要不谋私利，无论对来自任何地方的游客，都要有较强的自控能力并且抵制各种精神上的污染，对待所有的游客都要做到真诚公道、信誉第一，服务中要做到“诚于中而形于外”，不能弄虚作假，欺骗游客。

本案例中，许多游客都非常清楚，在旅游购物中，导游员和商家有一层不可言喻的“关系”，但并未因此而反感进入购物店，尤其当听到店老板是宁波人的时候，一种无名的亲切感和信任感就产生了。而导游员和购物店里的推销人员又恰恰是借这样一个机会进行导购，使大家上当受骗。最后，当所有的游客得知所购商品均为假货的事实后，对导游员、购物店、旅行社所有的信任全都不存在了。

出门旅游购物必不可少，但是理性消费是游客自我保护的一项重要内容。要警惕“拉老乡”式购物，不要轻易相信店主的鼓动和介绍，做到“货比三家”。尤其是购买金银类及珠宝玉器饰品，一定要提高警惕。对于行程安排之外的购物活动，游客有权拒绝参加。此外，导游员和旅行社在接到投诉的时候，应以最为积极的态度来进行沟通，争取问题的解决，而不应采取推脱的方式，造成媒体曝光、管理单位介入的严重后果。因此，告诫旅游活动的参与者在购物过程中要认清真伪，旅游经营者要将“诚信经营，信誉第一”作为经营原则。只有这样，企业才能形成良好的口碑。

案例思考

本案例中的地接导游员犯了什么错误？

6–14　这个责任谁来承担

案例介绍

2006 年春节期间，东北某国际旅行社接待马来西亚某旅行社组织的内地观光团。按照合同约定，该旅游团在当地游览 4 天。其中 2 月 16 日是到滑雪场滑雪。受旅行社委派，导游员小华担任该团地陪。小华未经旅行社同意，擅自将滑雪的日期改为 2 月 18 日，即离开当地的前一天，而将 2 月 16 日改为购物。观光团的团员对此变更曾表示异议，但小华称此变更是旅行社的安排。不料，2 月 17 日晚天降大雪，2 月 18 日晨该观光团要到雪场时，积雪封路。无奈，大家只得返回。翌日，该观光团离去，返回马来西亚后书面向旅游行政管理部门投诉，称该旅行社委派的导游员未经征得旅游者同意，擅自改变行程，违反了合同约定，造成旅游观光团未能前去滑雪，要求旅行社承担赔偿责任。该旅行社则辩称，改变旅游行程系导游员的个人行为，与旅行社无关，而导游员小华辩称，造成雪场未能游览，是由于大雪封路的原因，属于不可抗力因素，依据法律规定，他不应当承担赔偿责任。

案例分析

在本案例中，作为旅游合同的一方当事人，旅行社应当严格按照合同约定，为旅游团组织安排旅行游览活动。由于导游员小华擅自改变旅游行程，造成该观光团未能到雪场滑雪，违反了合同约定，当属违约行为。

导游员的行为应视为旅行社行为。在本案中，导游员小华是接受旅行社的委派，担任该观光团的向导。因此，旅行社必须对其委派的导游员承担法律后果。我国《民法通则》对此作了明确规定，即“企业法人对他的法定代理人和其他工作人员的经营活动，承担民事责任。”因此，在本案中，旅行社不得以导游个人行为未经旅行社同意为由推卸责任。

同时，导游员小华提出，造成客人未能去滑雪场的原因，是由于不可抗力因素，这一观点也是错误的。因为，没有去成雪场的主要原因，是导游人员擅改旅游行程，也就是说，如果不改变约定的旅游行程，去雪场滑雪这一活动是能够实现的。旅行社违约行为在先。此外，也必须明确，并非只要有不可抗力发生，就可以不承担赔偿责任。我国《合同法》规定：“因不可抗力不能履行合同的，根据不可抗力的影响，部分或者全部免除责任，但法律另有规定的除外。当事人迟延履行合同后发生不可抗力的，不能免除责任。”“当事人一方因不可抗力不能履行合同的，应当及时通知对方，以减轻可能给对方造成的损失，并应当在合理期限内提供证明。”由此规定，在本案例中，旅行社不得以不可抗力因素为由，推卸赔偿责任。

案例思考

一般情况下，由于时间及交通等多方面的原因，在旅游团参观游览过程中，经常会遇到导游员更改参观前后顺序的情况。看过上述案例后，试分析，导游员调整参观顺序的前提是什么？

6-15 天气变化后

案例介绍

2005年8月，中国自行车协会工作会议在哈尔滨召开。王先生和一些好朋友感觉东北的旅游资源虽然没有自己家乡云南丰富，但来一次东北也不容易，以后说不定就没有这么好的机会了。所以，车友们组织了一个骑自行车赴吉林省长白山地区游览的20人旅游团。哈尔滨市某旅行社委派导游员小甘作为全程导游员随团服务，同时，也担当地陪。旅行社为了减少地接费用，要求全陪双肩挑。

在旅游团将要去天池参观的前一天晚上，一位游客问，登长白山天池是否要多添衣服，以免天气变化。小甘根据最近长白山的天气情况和自己多次在这个季节上天池的经验，告知游客："不必多添衣服，以便轻装上山。"翌日，该团游客在小甘引导下上了天池。不料，天气突然变化，天降大雪，气温骤然下降。小甘急忙引导该团下山，但由于该团有些客人未带衣帽、围巾等御寒之物，致使不少人耳、鼻及手脚严重冻伤。其中两人经医院诊断为重度冻伤。为此，该团游客投诉导游员小甘，要求其承担医治冻伤等费用，并赔偿因此造成的损失。小甘所属的旅行社接到投诉后，认为此次冻伤事故是由于小甘工作失误所致，责令其自行处理游客投诉，旅行社不承担任何责任。小甘本人则认为，引起冻伤是由于天气突然变化所致，是出乎意料的事情，事故与其无关，不应由其自行处理事故并承担赔偿责任。

案例分析

我国《导游人员管理条例》规定，导游人员是受旅行社委派，为旅游者提供向导、讲解及相关旅游服务的人员。小甘既然是受旅行社的委派，旅行社就要对其工作人员承担责任。因此，让小甘自行处理此项投诉是错误的。旅行社应该承担相应的法律责任。

此外，导游人员在引导旅游者旅行、游览过程中，应当就可能发生危及旅游者人身、财物安全的情况，向旅游者作出真实说明和明确警示，并按照旅行社的要求采取防止危害发生的措施。小甘作为此条线路多次带团的导游人员，应当预见到长白山气候多变，一年四季多雨雪、多雾、多大风，气候变化十分显著，他应当提醒游客多添衣服，但却没有做到，以致造成冻伤事故的发生。所以，小甘认为冻伤事故与其工作无关的说法也是不正确的。依照《旅行社管理条例》及《导游人员管理条例》的规定，导游员和旅行社都要承担相应的法律责任。

案例思考

导游员带团前，对旅游目的地的天气情况是否应该有所了解？

6-16 导游失职　7岁男童受伤

案例介绍

漂流，曾是人类一种原始的涉水方式。它最初起源于爱斯基摩人的皮船和中国的竹木筏，但那时候都是为了满足人们的生活和生存需要。漂流成为一项真正的户外运动，是在“二战”之后才开始发展起来的。一些喜欢户外活动的人，尝试着把退役的充气橡皮艇作为漂流工具，逐渐演变成今天的水上漂流运动。随着社会的发展、生活水平的提高，回归自然、挑战自然成为现代人们追求的一种时尚。

下面的案例就和“漂流”有关。2005年9月11日，聂女士一行10人由福建省康辉国际旅行社厦门分社带团赴武夷山旅游，13日中午，旅游团赴大峡谷漂流。游客聂女士回忆，大峡谷漂流并不在他们此次的行程计划之中，而是在导游员小魏的推荐下才前往的。其中，聂女士才7岁的儿子也参加了漂流，而按照常规，12岁以下的孩子不能漂流。导游员明知这一规定却没有劝阻，结果7岁男孩右眼擦伤，视力下降。事情经过是这样的：13日下午1:00许，竹排漂流至大峡谷1/4路程时，聂女士的儿子突然大哭起来。这时聂女士发现，孩子的右眼面被擦伤流血。经诊断，男孩右眼面擦伤，屈光不正，右眼视力检测结果由原来的1.0左右降为0.6。聂女士说，孩子的眼伤最有可能是被水流两旁的石头擦撞的。武夷山大峡谷漂流区相对落差

(3) 漂流中不要做危险动作。一般来说，漂流河段都是比较安全的。游客只要不自作主张随便下船、不互相打闹、不主动去抓水中的漂浮物和岸边的草木、石头，竹筏一般不会翻。一旦“翻船”也没关系，憋住气，小心不呛水就行，因为救生衣可以让最重的胖子浮起来，时刻注意游客安全的“导漂”——水上工作人员会立即赶到落水者身边。

(4) 上筏只带饮用水。手机、证件和现金等怕水的东西都不要上竹筏。实际上，相机、手表掉到水中的事情常有发生，只是游客不放心将这些重要物品让他人保管。

(5) 充分利用导漂服务。下水前，导游员讲解注意事项时一定要注意听；下水后，如果水性不好，应尽量靠近导漂员。导漂员熟悉航道情况，驾船技术也好，在游客没力气的时候甚至可以拖着船走。

(6) 太小的孩子不要漂流，会游泳也不行。山中河道情况复杂，到处是急流险滩，不懂事的孩子在竹筏上乱动很危险。因此，12岁以下儿童禁止参加漂流项目；12岁～16岁之间的少年可在成人监护下参加。

案例思考

请分析导游员在整个事件中应承担什么责任？

们纷纷围拢来，将二人拉开。随即将老人送进了医院。老人的右上唇被缝了足足 5 针。

事后，其他老人将导游员投诉到了旅行社，与老人们签订旅行协议的旅行社派专人出面解决此事。派出所也就此事展开了调查。最后，陈老遗憾地说："旅行社的事后处理，我们还是非常满意的。但是导游员个人行为，总让我们觉得此次四川之行有说不出的滋味！"

案例分析

据世界旅游组织预测，到 2020 年中国将成为世界第一旅游大国。随着我国旅游市场的不断发展，旅游作为支柱型产业，一方面提供了相当数量的导游工作岗位；另一方面也对导游人员素质提出了相应较高的要求。当前导游人员队伍里确实存在着一些问题，但客观地说，造成导游服务质量不达标的主要原因却有许多。

通过这个案例我们看到，首先，是因为提供旅游服务的汽车司机无故迟到，导致了在酒店等候多时的游客们对旅游服务的不满，进而与导游员理论起来。在争吵过程中导游员的同学的加入使矛盾升级。虽然在此次事件中双方都分别有着不可推卸的责任，但导游员应承担主要责任。因为在事件发生过程中，导游员作为服务者应秉持"客人永远都是对的"的信条，将游客的利益放在首位，但本案中的导游员及其同学不是想办法来解决纠纷，而是任凭事态发展和激烈，从而使 70 岁高龄的老人受伤后对蓉城留下遗憾。

我们相信，随着今后旅游行业管理的日益完善，导游员的职业道德将受到政府的极大重视，并得到社会的普遍关注。更多高素质的有志青年将会以从事导游职业为荣。当然，这一目标实现的前提条件是要求所有的导游人员能够自省、自强，真正成为中国的窗口和品牌，成为全国旅游界的一面旗帜。

案例思考

老人为什么会对此次四川之行有种说不出的滋味?

6–18 导游诋毁景点被投诉

案例介绍

"天涯海角就两块破石头，没啥好看的！"郑先生一行人首次来海南旅游，就是为了到天涯海角看看，没想到带队的导游员竟这般糟蹋海南的旅游景点。2004年7月29日，郑先生一气之下，向海南省旅游投诉中心投诉了这个给海南景点抹黑的导游员。

郑先生一行3人久闻天涯海角的大名。这次从江西特地来海南旅游，动身之前与旅行社商定，此次行程3天2晚，每人350元；游览景点包括天涯海角、南山寺等。25日，他们在海口上了虹桥旅行社安排的旅游车后，带团的导游员要求他们每人再交200元～300元，说是准备多游几个景点。26日，郑先生一行到达三亚后，按原定计划应去天涯海角、南山寺游玩，但导游员竟对他们说："天涯海角就两块破石头，南山寺也只有几座小庙，没什么好玩的。再说如果几位要是单位的领导，到了天涯海角也不吉利。我们这里有种说法，如果到了那儿，您的仕途之路也就走到头儿了。"听导游员这么一说，郑先生还真有点动摇，但仔细一想，如果不参观这些景点，大家所交的团费里面却包括了天涯海角和南山寺的门票，已经到了海南，连这几处最有名的景点都没去，这趟海南之行岂不是白来了？回到海口后，郑先生立即向海南省旅游投诉中心投诉，要求对给海南旅游景点抹黑的导游员进行处理。

投诉中心工作人员经核实了解到，郑先生一行是在一航空售票处报名组的团，后被两次“转手”，由虹桥旅行社接待。经调解，该旅行社和导游员同意按照天涯海角和南山寺门票的双倍价格予以赔偿。

案例分析

郑先生是一位热心的游客。他能够及时发现旅游活动中导游服务人员的不文明行为，帮助一些不合格的导游人员正视自己的错误言行，对旅游行业而言，这种投诉是件好事。

很难想象，一位不热爱自己工作和生活的地方、不热爱家乡的导游员，怎么会热情洋溢地向旅游者介绍祖国和家乡的悠久历史及文化，又怎么能给异地的游客留下美好的回忆呢？在这起投诉中，导游员犯了几个严重的错误：

（1）未按照合同规定参观计划内的景点。

（2）在旅游活动尚未开始时就推销自费景点，并向游客收取费用。

（3）对景区的错误宣传和误导，诋毁了景区的形象。

导游人员是一面镜子。在旅游活动中，导游人员的言行一定要顾全大局，做一个真正的“宣传员”和“服务员”，任何不负责任的言论，都可能会给游客内心留下难以抹去的印迹。因此，导游员一定要懂得热爱自己的家乡和祖国、热爱本职工作，力争做到“财贿不足以动其心，爵禄不足以移其志”，始终保持高尚的情操。

案例思考

导游员对“天涯海角”的说法仅是一种迷信行为吗？你如何理解？

6-19 10元门票变为90元

案例介绍

2004年5月8日～15日，来自北京的闫先生一行10人，由北京某旅行社委托昆明风情国际旅行社有限公司负责接待。参观游览的景点包括石林—大理—丽江—西双版纳等地。但在旅游过程中发生了许多令他们非常不愉快的事。

首先，在这个10人旅游团里，有两人住的是三星级酒店，其余8人住的是二星级酒店。5月8日入住当晚，就有两名住二星级酒店的游客提出所住的房间由于靠近闹市无法休息，并在5月12日去西双版纳前提醒导游员能否换一个同等级的酒店。但当5月14日晚回到昆明时依然还是住的先前那家酒店，在游客们的强烈抗议下，导游员才另行安排。其次，去西双版纳的航班晚点，导游员没有提前通知游客，而是让游客在机场白等了几个小时。游客自行从机场工作人员处了解的信息是，航班晚点，机场都是提前通知旅行社的。第三，10元一张的大观楼（自费项目）门票为什么要收游客90元？并质疑导游员荐的九乡旅游（自费项目）的140元费用收高了。第四，在客提出要投诉解决问题的时候，旅行社仍强行把他们拉到了机场。他们觉得很生气，向昆明110报了警，并向云南旅游质监所提出投诉。

针对以上几个焦点问题，10名游客提出要旅行社全额退赔团费，当面向游客道歉，并对当事导游员作出相应处罚的投诉请求。对游客提出的质疑，风情国旅的相关负责人作出的解释和答复是：对于更换酒店的问题，5 月 8 日当晚导游员就与公司联系，并向游客提出了加钱换三星级酒店的方案，但没有得到游客的同意。而 5 月 14 日晚在旅游团回到昆明后，公司最终还是按照客人的要求更换了酒店。航班晚点问题的主要原因，是由于游客们所持的机票是北京方面出的票，也许机场会通知北京的旅行社，而风情国旅的导游员也是到机场换登机牌时才知道的。至于导游员收取的 140 元（每人）游九乡的费用，确实存在多收的问题，因为根据昆明市旅游局的规定，游九乡的费用标准是 110 元，导游多收了 30 元，另外，90 元的大观楼门票，也确实是导游员多收了游客的钱。旅行社会根据国家的相关规定进行退赔。把游客拉到机场的原因是，该批客人回北京的机票是昨天下午 2:00 多起飞，在去机场的路上旅行社工作人员一再劝大家先上飞机，回到北京后同样可以进行投诉。

对于因导游员给游客们带来的不愉快，旅行社相关负责人当场向游客们道歉，并表示对因导游员的违规行为所导致的多收费用，旅行社一定退还给游客，并按照国家相关规定进行赔偿。赔偿金额每人大约是 300 元。至于游客提出的全额退还团费，有关负责人当场表示不可能。

对该起投诉，质监所有关工作人员表示：首先，根据《民法通则》的有关规定，质监所不支持游客提出的扩大损失部分的赔偿；其次，质监所将督促旅行社按《旅行社质量保证金赔偿试行标准》，对服务中出现的质量问题进行赔偿，并将对当事导游员的违规行为按《导游人员管理条例》进行处罚。

最终调解一直持续到下午 6:00 多钟，双方因赔偿问题发生严重分歧，最后质监所调解人员表示此次调解失败。

案例分析

根据《导游人员管理条例》规定：导游人员在进行导游活动中，有欺骗旅游者消费的，由旅游行政部门责令改正，并处1000元以上3万元以下的罚款；有违法所得的，处没收违法所得。本例中的导游人员，在门票销售上欺骗了游客，应退还给游客全部的违法所得，并接受旅游行政部门的处罚。

气愤的10位北京游客的云南之行，在投诉中不愉快地结束了，在离开昆明之前，来自北京的游客们表示，投诉的目的并不是为了钱，就是想对此次不愉快的旅游要个说法。其实，在所有的旅游投诉案件中，有近多半的游客就是想为自己的不痛快和不顺畅找到一个发泄的平台。但在本例中，游客们因为投诉耽误了回北京的航班。因此，提醒游客应注意到旅游者不一定要滞留在旅游地进行投诉，滞留可能会带来更多的问题，返程后的投诉一样有效，相关行政管理部门一样会及时协调处理游客的投诉。

案例思考

游客要求旅行社全额退赔团费是合理的吗？调解为什么会失败？

6–20 “崇洋媚外”之嫌

案例介绍

一次，某旅行社欧美部的英语导游员小陈作为地陪，负责接待一个由两种语言组成的散客旅游团。旅游团共 13 人，其中 8 人说英语，5 人讲中文普通话。在旅游车上，小陈用两种语言交替为游客讲解。来到一处游览点时，小陈考虑到团员中讲英语的较多，便先用英语进行了讲解，没想到当他讲解完毕，想用中文再次讲解时，讲中文的游客已全都走开了，因而他就没再用中文讲解。事后，小陈所在的旅行社接到了那几位讲中文游客的投诉。他们认为地陪小陈崇洋媚外，对待游客不平等。

案例分析

本案例是一次由误会导致的投诉。由散客组成的旅游团，是指原来分散住在不同饭店，因为目标一致（选择了同一景点或同一线路），而由旅行社门市工作人员临时组成的旅游团。正因为旅游团是临时组织起来的，因而团员经常是来自不同国家或地区，互相不熟悉，语言不通、行为各异。接待这样的旅游团要比接待团体游客复杂得多、困难得多。

本案例中，小陈遭受投诉的原因，其实并非他真的崇洋媚外，只是服务过程中在实施“为大家服务”原则时，因工作欠细致、周到所致。从案例中我们可知，无论是主观上或行为上，小陈本人并无崇洋媚外和不想为这些讲中文的游客作讲解的动机，且在车上小陈就是用中英文交替的方式进行讲解的。但由于他没有与游客讲明服务的方式，没有考虑到自己先用英语讲解，会给讲中文的游客带来心理上的不平衡，结果导致了游客对他的投诉。消除这种因“误会”而导致投诉的方法，其实非常简单，小陈只要事先向游客声明，他将用中英文交替的方式为游客讲解即可；若要完全平等，则可采用转换讲解法，即在甲地“此时”英语讲解在先，到了乙地“彼时”则英语讲解在后。

案例思考

带团中遇到上述情况，你会怎么办？

6-21 客人被“导”迷路

案例介绍

2004年7月17日，市民刘女士报名参加了南京某旅行社组织的“北京7日游”。合同标明，住宿标准是三星级酒店，但所住的“新日饭店”有主楼和辅楼，他们住的是辅楼，只相当于二星级，且更多的时间，还是在一些购物中心“游荡”。

更让刘女士气愤的是，在北京的5天，有3天晚上司机和导游员带他们去“熟悉”北京的马路，可“熟悉”过程中，惊险不断。

原来司机是天津人，根本不认识北京的路。导游小姐也不识路，弄得大家没有足够的时间休息。刘女士举例说："20 日那天晚上大家'迷路'将近 3 个小时，到最后，还是游客拿地图指挥司机，才找到饭店。"

22 日晚上，导游员还丢下游客，要大家自己去火车站。他们当时就找来北京地接旅行社经理，要他给予补偿。对方称，他们旅行社只是和南京组团社合作，赔偿与他们无关。游客们回南京后，向组团社索赔每人 400 元。组团社总经理陈先生认为，刘女士是误解了，北京那么大，司机有司机走的路线，没有迷路。此时正是北京旅游高峰期，人流、车流太大。途中堵车可能造成一些时间浪费。司机和导游员是为了不让大家在路上浪费时间才绕路的。

刘女士将此事投诉到市旅游质量监督所，工作人员表示，南京组团旅行社在此事上存在一定责任，他们会受理投诉并向北京旅行社取证。

案例分析

在目前旅游市场上，导游员队伍里存在着这样一种说法，即"青春饭"。许多人认为，这一行业不会成为人们的最终选择。因而，导游员"频频跳槽，四处掘金"的现象屡见不鲜。也正因如此，四处漂泊的导游员"南征北战"。许多导游员在接待游客时出现了不认路、不识路的现象。在讲解中，当游客对某一建筑物好奇地提问时，常常会出现导游员支支吾吾的尴尬场面。本例中，刘女士认为导游员和司机都不称职，使他们的北京之旅在路上浪费时间、没有尽兴，因而造成了大家不但休息不好，还要自行去车站的结果。

在这项投诉中，因导游员对北京线路的不熟悉，却未在接团之前做好准备工作而导致了游览过程中的多次"迷路"，最后，还是在游客的帮助下才找到所下榻的宾馆。另外，酒店住宿的标准与合同标注不相符合，大多时间在购物场所“游荡”也使游客对旅行社的安排产生不满情绪，致使提出投诉。仔细分析一下，在许多旅游投诉案件中，许多游客的意见都不是单一产生的，旅行社产品在设计和安排上一定要注意劳逸结合、张弛有度。在导游人员的选择和安排上要考虑到接团的质量和长效性，不能随随便便派导游员上团。这种做法只会对旅行社行业产生极大的冲击。

案例思考

组团社经理的说法能够让游客认同吗？

6–22 百名游客齐投诉

案例介绍

2004年5月，成都市旅游执法大队接到120名游客联名投诉，称由于导游员和司机的失职，导致他们的“泸沽湖、西昌5日游”泡汤，一半以上的游客甚至连泸沽湖的边儿都没有沾到。

这120多名旅客都是参加某旅行社组织的“畅游泸沽湖”活动的，到达西昌后，当地负责接待的凉鹰旅行社安排他们分别乘坐4辆中巴车。上车之后，游客就发现了一系列的问题。首先，是车上贴的旅游路线和他们最初跟旅行社签的合同存在明显差异，景点少了；其次4个导游员全是无证上岗；据游客反映，3个导游员都没有导游资格证。唯一一个姓曹的导游员胸前佩戴的导游资格证也是在8年前颁发的，早就过了有效期。上车之后，一个导游小姐甚至请求游客帮助她隐瞒真相："我已经通过导游资格考试，还没有拿到证，如果有人来检查，你们就说曹某是导游。"据 17 号车的游客反映，该车的导游员小高是西昌某学院大二的学生，还没有参加过导游人员资格考试。游客袁小姐说："整个旅行过程中，导游员都没有给我们讲解过。导游员甚至说他们也是第一次来泸沽湖，根本就不了解怎么讲解啊。"当旅游车行驶到达草海时，导游员指着它对游客说："这就是泸沽湖！在这儿就看见泸沽湖的全貌了。"后来，观看其他游客拍摄的照片，众人才发现，大家根本就没有到达泸沽湖景区。

旅行社的领导接到投诉之后，成立的调查小组立即着手进行调查，从当初与游客签订合同的工作人员，到负责整个旅行的接待人员，一一进行询问了解。该旅行社的领导表示，游客的意见还要经过查实，一旦核实是旅行社的工作人员工作不到位，将对其作出严肃处理，并承诺在一星期内给游客一个满意的答复。

案例分析

本案例中的 4 名导游人员均属无证导游，依照《导游人员管理条例》第十八条规定：无导游证进行导游活动的，由旅游行政部门责令改正并予以公告，并处 1000 元以上 3 万元以下的罚款；有违法所得的，并处没收违法所得。

在我国旅游发达地区，由于旅游产业的迅速发展，在旅游旺季到来时，往往会出现导游人员严重短缺的现象。无奈之下，一些旅行社铤而走险，临时雇请无资格证书人员或仅持资格证书的人从事导游活动。这些临时导游员一般为高校旅游专业的在校生。许多人因为没有带团经验，缺少成熟的接待技能和应对突发事件的紧急处理能力，服务质量往往不遂人意。此例中"导游"不仅全部不掌握行车线路，而且在进行讲解过程中不尊重事实，以"草海"代替"泸沽湖景区”，使千里迢迢来游览的客人败兴而归。旅行社在处理此投诉时，态度虽然非常积极，但作为导游员的委派方，也有不可推卸的责任。

旅游者在出门旅游前，一定要对旅行社的资质及导游人员是否具有上岗资格进行了解，选择有信誉的旅行社。为了确保旅游活动的正常进行，建议游客能在出发前与导游员核对行程，将准备工作做好。如果游客在旅游途中受到利益损害，行程与合同不符，导游服务质量差等问题，作为旅游消费者一定要有取证举证的意识和自我保护的意识，以便于向旅游行政管理机关进行投诉，维护自己的合法权益。

案例思考

试分析，无证导游的危害是什么？

参考文献

[1] 李娌．模拟导游实训教程．长春：东北师范大学出版社，2006

[2] 王连义．怎样做好导游工作．北京：中国旅游出版社，2005

[3] 杜炜．旅游心理学．北京：旅游教育出版社，2005

[4] 国家旅游局人事劳动教育司．导游业务．北京：旅游教育出版社，1999

[5] 吕莉．模拟导游．北京：高等教育出版社，2004

[6] 孙喜林．旅游心理学．大连：东北财经大学出版社，2004

[7] 张红等．旅行社经营管理实例评析．天津：南开大学出版社，2000

[8] 蒋炳辉．导游带团艺术．北京：中国旅游出版社，2001

[9] 吉林省旅游局导游人员资格证考试教材编写组．导游实务．长春：吉林人民出版社，2003

[10] 王连义．幽默导游词．北京：中国旅游出版社，2003

[11] 王健民．出境旅游领队实务．北京：旅游教育出版社，2005

[12] 同程旅游网导游论坛

[13] 中国旅游网

[14] 长春旅游网

[15] 南方网新闻中心
[16] 中国导游在线
[17] 导游栖息地
[18] 休闲旅游网
[19] 最佳东方网
[20] 新闻周报
[21] 中国旅游报

后　记

2007年元旦，我在与长春市旅游质量监督所所长王哲闲聊时萌生了一个念头，能否将自己近十年当导游的所见、所闻、所感和旅游质量监督所日常接受和处理的投诉事件整理出来，编写一本案例精选。这种想法得到了王所长的赞同和支持，我便与旅游教育出版社取得了联系，并得到了出版社的积极肯定和大力支持，使我们两个人的想法“梦想成真”。

这本《导游服务案例精选解析》，是笔者导游实践、工作经历和旅游业同行的心得体会的总结，具有取材真实、实践性强的特点。案例结构分为案例介绍、案例分析、案例思考三大模块，以评述结合的方式编写，有利于读者“知其然，亦知其所以然”。本书划分为六章，涉及素质、规范、语言、心理、应变、投诉等专题，对于导游人员及旅游院校学生开阔视野、加强个人素质修养、丰富知识和提高技能具有一定的指导意义。

在编写过程中，正值吉林省长春市第六届亚洲冬运会开幕之际。在繁忙的接待工作中，长春市旅游局郝丽萍局长和于国延副局长对本书的编写也提出了许多中肯的建议，使本书在篇章结构上更为合理，便于读者阅读。借此，特向他们表示深深的谢意！在案例素材的收集和整理过程中，长春市旅游培训中心、长春市导游管理服务中心、长春旅游质量监督所为此书提供了许多参考资料，在此，也对工作人员的辛勤努力表示感谢！另外，也要感谢吉林省旅游培训中心吴秀兰主任、古屹老师及全国百强旅行社——长春市文化旅行社的崔源玉总经理、武芳副总经理及关敬峰、车晶、孙锡志和好友米冰对我的鼎力支持！

本书第一版发行1年多来，受到了广大导游员及旅游院校师生的好评，一些旅游培训单位还将本书作为年审教材使用，部分旅游院校将其作为课外指定阅读书籍，取得了较好的社会反响。

2008年，受旅游教育出版社之邀，对本书进行修订再版，力图最大限度地弥补第一版之缺憾。此外，2008年5月12日发生在四川的8.0级地震，再一次考验了导游员的职业道德和处理突发事件的能力，修订中将这一部分内容做了必要补充。

修订过程中，恰逢奥运圣火在长春传递，在为中国加油、为奥运加油、为四川加油的同时，也真诚希望通过本书能使旅游从业人员的综合素质有所提高，为振兴我国旅游业作出贡献！

本书第1章～5章由李娌撰写，第6章由王哲撰写。由于能力和水平有限，在编写中一定存在着许多不足和疏漏，诚望旅游行业的专家前辈和同行批评指正。

李　娌

2008年7月16日于怡景园

策划编辑：赖春梅
责任编辑：张　毅

图书在版编目（CIP）数据

导游服务案例精选解析/李娌，王哲编著．—北京：旅游教育出版社，2007.3（2009.1）
ISBN 978-7-5637-1489-6

Ⅰ．导…　Ⅱ．①李…②王…　Ⅲ．导游—旅游服务—案例—分析
Ⅳ．F270

中国版本图书馆CIP数据核字（2007）第038351号

导游服务案例精选解析

（第2版）

李娌　王哲　编著

出版单位	旅游教育出版社
地　　址	北京市朝阳区定福庄南里1号
邮　　编	100024
发行电话	(010)65778403　65728372　65767462(传真)
本社网址	www.tepcb.com
E-mail	tepfx@163.com
印刷单位	中国科学院印刷厂
装订单位	河北省三河市金星装订厂
经销单位	新华书店
开　　本	880×1230　1/32
印　　张	9.75
字　　数	219千字
版　　次	2009年1月第2版
印　　次	2009年1月第2次印刷
印　　数	8001-30000册
定　　价	20.00元

（图书如有装订差错请与发行部联系）

推荐阅读相关图书

旅游景区景点经营案例解析

禹贡　欧阳洪昭　　ISBN：9787563714209

饭店康乐中心服务案例解析

李舟　　ISBN：9787563714568

旅行社经营管理精选案例解析

梁智　　ISBN：9787563714889

饭店文化建设案例解析

魏星　　ISBN：9787563715121

饭店餐饮经营管理法律案例解析

胡夏冰　　ISBN：9787563710843

饭店优秀公关案例解析

杜炜　　ISBN：9787563715459

旅游投诉与旅游事故案例精选解析

梁智　　ISBN：9787563716258